コンサルが「マネージャー時代」に学ぶコト

ソシム

コンサル思考は
「武器」になる。
マネージャー思考は
「お金」を生む。

コンサルタントの
「矜持」
を煮詰めた一冊です。

思えば、前作『コンサルが「最初の3年間」で学ぶコト』は次のようなフレーズから始まりました。

コンサルタントは嫌いでも、
「コンサル思考」は嫌いにならないでください。

そんな思いで、コンサルタントが入社して「最初の3年間」で、メンバーとして学んだコト＝ボクが叱咤激励を受けながら学んだ・言語化したことを書かせていただいたものです。

そして、その先の「4年目以降」に学ぶコトを、例えば「プロジェクトを仕切る」「メンバーをマネジメントする」「面倒な上司の象徴、コンサルファームの最高職位＝MDの相手にする」など、マネージャーとして学ぶコト/学ぶべきコトを書いたのが本書でございます。

コンサルタントはよく「高級文房具」「絵にかいた餅」「虚業」などと言われておりますが、それはつまり

お金の匂いがしないということ。

たしかに少なからず、そんな部分もあると言えばある。けれど、コンサルティングファームのマネージャーは一味違います。

マネージャーの思考は「お金」を生む。
目の前にいるクライアントにお金を生ませる。

そして、彼ら・彼女らのスキルを、思考を、矜持を、皆さんにもぜひ知ってほしい。

そんな思いで、僕の大好きな師匠、加藤さん、佐々木さん、市井さん、杉田さんに叱咤された時代を思い出しながら書きました。

結果、400ページという大ボリュームになってしまいましたが、"ひたすら濃い傑作"になったと自負しております。

ぜひ、お楽しみください！

マネージャー**1**年目

＝「インテレクチャルリーダーシップを磨く」

0

「緑ボン」も読みました

1

インテレクチャルリーダーシップ
1年目のテーマは「インテレクチャルリーダーシップ」。

2

全てはココから始まる。

マネージャー**2**年目

＝「クライアントへ自分を売り込む」

暗記する。
そしてとことん健やかに進化する。

＝「インテレクチャルリーダーシップを磨く」

さぁ始まります。大ベストセラーとなりました前作『コンサルが「最初の3年間」で学ぶコト』（緑ボン）を更に超える傑作のスタートでございます。まじで自信あります。正直、本書（オレンジボン）の「第1章」がいきなり「神回」になると確信しています。

　さて、皆さんは「マネージャーに必要なスキルは？」と考えたとき、どのような答えを浮かべるだろうか？

> ● チームメンバーのモチベーションを高める、もう少し言えば「あなたの為に」とさせるEQ／人格者
> ● チーム／組織を作りあげて、目標に向かって導くリーダー

　こんな感じの方向が浮かんでしまった人も多いと思います。何故なら、巷には「マネージャーと言えば、そんな感じ」という主旨の本が無駄に並んでいるから。
　でも、僕はそう思いません。

　はっきり言うと、それって「マネージャーが今まで甘やかされていただけ」なんですよね。

　チームメンバーや、それこそ「時代に」甘やかされていたにすぎない。

　そして今、時代は変わってきています。
　マネージャーとして何が必要なのか？
　それが大きく変わっているのです。
　本書ではそれを紐解いていく。というか学べる。
　いつもどおりの「講義スタイル」でテンポ良く、そして深く学んでいただきます。

最初のキーワードは「インテレクチャルリーダーシップ」。

　いやぁ、マネージャー1年目も濃いよ。
　皆さん、お楽しみに！

「緑ボン」も読みました

VS

お初にお目にかかります

　本書＝『コンサルが「最初の３年間」で学ぶコト』の続編＝緑ボンの続編＝オレンジボンですが、相も変わらず全編「VS」形式で書かせていただきます。ほんと、この「VS」＝対比で物事を捉え「○○じゃなくて□□だよね」と頭に入れて行動を変えていくというのは、本当にセクシーですよね。

　ところで、最初に申し上げておきたいことがあります。
　それは、出版の世界に根強く存在している「どんなに天才でも覆せないという摂理」についてのお話、そう、

続編はMAXでも1冊目の7割しか売れない。

　このジンクスでございます。
　本書も例外なくそうなります。でも、緑ボンを購入し、多かれ少なかれファンになってくださった方が買ってくださる構図ですから、当たり前っちゃ当たり前。でもこれ、悲しいなぁという解釈もありますが、違う見方もできる。

　既に緑ボンを読んでくださっているということはですよ。
　こうも言えますよね。

僕とあなたとの間には信頼感があり、
距離が「肩固め」しているくらいに近い。

こんなハッピーなことはない。
正直、これほど著者として最高な環境はありません。
なので、

大半の読者さんが緑ボンを読んでいるという前提で、「らしい」／ストレートな表現で最大限遠くまで／高くまで、皆さんをお連れします。

そして、もしもまだ緑ボンを読んでいない方は、既に誰かを「マネージする」立場であっても必ず学びがある。だからぜひとも読んでみてほしい。
そこには、

$$ロ→サ（サ^2）→T→ス→作→ア（→D）$$

という呪文のような「最高にセクシーな働き方」の定義／解説が溢れていますから。
あるいは、緑ボンを既に読んでいたとしても「緑ボンの012とか077とか、どんなVSだったっけ？」というケースもあるでしょう。

であればもう一度、このオレンジボンを一読した後でも構わないので、ウイニングラン的に再度、緑ボンを読んでください。読みなさい。しろ。
絶対に嫌いになるなよ、暗記。

1

インテレクチャルリーダーシップ

VS

「優しさ」のリーダーシップ

1年目のテーマは
「インテレクチャルリーダーシップ」。

　皆さんの考え方、働き方、そしてこの本のテーマに沿って言えば「マネージャー」としての一歩を踏み出すとき、ど真ん中にどーんと鎮座させねばならない哲学があります。

　それは何を隠そう、デロイトモニターのトップをされておられる「波江野さん」にも気に入ってもらえたこの言葉。

インテレクチャルリーダーシップ

　健やかに行動を変えていくために「VSな表現」をすると、次のようになります。

インテレクチャルリーダーシップ
VS
優しさのリーダーシップ

　マネージャーというかリーダーというか、そんな狭い範囲ではなく「下っ端」から抜けたすべてのビジネスパーソンが意識しなければいけないVS。

　それがこれなのですよ。

> インテレクチャルリーダーシップ　VS　優しさのリーダーシップ

ところで皆さん。
何をもってマネージするのか。
何をもってリードするのか。
それが最大の論点となります。

マネージャー、リーダーをやる上でそこを間違えてはいけません。

正しく言えば、甘えてはいけないのだ。

マネージャーたるもの、リーダーたるもの、
「インテレクチャル」でリーダーシップを
とらなければならない。

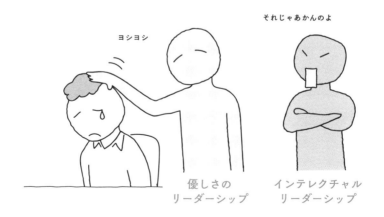

ヨシヨシ

それじゃあかんのよ

優しさの
リーダーシップ

インテレクチャル
リーダーシップ

ふんふんと会議をして、「そんな感じで」と言っている場合ではないのです。

　「報・連・相」が大事だと言い続け、進捗確認をしている場合ではないのだ。

　僕らはインテレクチャルでリーダーシップをとる。「頭の使い方」でチームメンバーはもちろんのこと、クライアントに対しても付加価値を提供し、感動させなければならないのですよ。

あのマネージャーとミーティングすると、
新しい視点をもらえて進化できるよね。
VS
「がんばれ。ありがとう。引き続きよろしく」と、
鼓舞はしてくれるよね。

　もっと具体的に言えば、

クライアントの論点がピンッと来なかったけど、なるほど
なぁ。そういう感じで理解して、サブ論点、サブサブ論点を
立てれば良かったのか。まじ神。
VS
進捗確認、尻たたきをしてくれてありがとうございます。
（まじ何様？ Not神様）

なるほど、その手があったか。そうやってやれば、その情報、
データを取れるかもしれない。ありがとうございます！

> VS
> 「データがないなら当然、代わりの何かを持ってきてくれない
> と困るんだよね」って価値ゼロ発言。あえて言えば、プロ意
> 識を教えてくださりありがとうございます。

そうなのだ。
尻たたき、モチベートするだけの

「優しさ」のリーダーシップは二の次。
「優しさ」のリーダーシップで甘えない。
「優しさ」のリーダーシップなど時代遅れだ。

そう、時代がとうとう追いついてきてしまったのです。
これまでのマネージャー、リーダーシップは構造上、甘やかされ
てきました。

徹夜しろ！土日も働け！
上下関係は絶対だ！
会社の飲み会も全参加だ！

などと、頭を使わずとも下はついてくるというか、ついて来ざる
を得ない構造があった。
加えて、

数年間ごときで世の中は変わらない。
今までの経験がそのまま生きる。
10年選手だぞ、こっちは。

と叫んでいれば付加価値が出たので、それはそれでついてきてもらえた。

そう、

甘やかされていたんです。
これまでは時代に助けられていたんですよ。

僕が語る必要がないくらいに時代は変わり、そしてこれからも変わり続ける中、もう「優しさ」リーダーシップなど二の次。

「上下関係、在籍期間、＋αの強制労働」を前提とした「優しさのリーダーシップ」など、とっくに終わっているのです。

これからは「敬うけれども」フラット、＋αの労働はさせられないを前提とした「インテレクチャルリーダーシップ」の時代。

もちろん、これは「役職的」なマネージャー／リーダーにだけ当てはまるわけではありません。

少しでも年次が上だったら、「大なり小なり」求められるわけだ。

俺にもそんなことあったよ、昔。
あの上司、なんであんな言い方するのかね？
落ち込むなよ。今度呑み行こうぜ！

といった、「優しさのリーダーシップ」などは二の次。

> 「インテレクチャルリーダーシップ」を発揮し続ける。

　このことは、マネージャーとなった日に決意せねばなりません。マネージャーとして生きていく為にチャレンジしなければいけないのです。そしてもちろん本書では、インテレクチャルリーダーシップの発揮の仕方を丁寧に伝授させていただきます！

　ということで少し長くなりましたが、栄えある1番「インテレクチャルリーダーシップ VS「優しさ」のリーダーシップ」はここまでとしますね。

皆さん、「優しさのリーダーシップ」に甘えてませんか？ それだと陰口叩かれまっせ。
カモン！
インテレクチャルリーダーシップ！

2

論点マネジメント

vs

TASKマネジメント

全てはココから始まる。

　前作の緑ボンでも骨太のメッセージとして語らせてもらったのが、アウトプットを作り出すための6ステップ。そう、こちらです。

ロ→サ→T→ス→作→ア

　論点をマネージャーからプレゼントされたら、サブ論点（含め、サブサブ論点）を立てる。その上で、TASKを設計しスケジュールに落とし込む。そこまできたら「無心」で作業に没入し、作業をし終わったところでアウトプットとして形作っていく。

　これが、コンサルに限らず「生きとし生けるものが暗記しトレースすべきプロセス」なのだ。そして当たり前の話だけど、「マネージャー」として、チームメンバーにもこの動きをさせるべき。

　先ほどの表現を「マネージャー」視点で書くと次のようになりますよね。

クライアントやMDと議論して論点が定まったら、チームメンバーにその論点を共有し、サブ論点（含め、サブサブ論点）を立ててもらう。そして、それをベースに議論を行う。

まさに前項の話に通ずるところでございますが、この議論こそが「インテレクチャルリーダーシップ」を発揮する場面でございます。

そのサブ論点よりは、こっちの論点に重きを置いた方がいいよね。あと、こっちのサブ論点はNice to haveだから後回し。いや、Nice to haveならやらなくていいよ。

こんな感じで論点の進化に貢献するし、その意識こそが大事になってきますよね。

そして、ここからの進め方はチームメンバーがコンサルタントとして「立ち上がっているか？」によります。

もし立ち上がっていれば、これ以上の議論は必要なく、チームメンバーにTASK設計で思う存分に英知を絞ってもらい、論点／サブ論点／サブ論点とそれに紐づくTASKが整理された「ワークプラン」をベースに議論を行うことになる。

それを通過すれば、チームメンバーが希望しない限り放置してよいでしょう。

そして、もし立ち上がっていなければ、

マネージャー自らTASK設計を行い、その結果として出来上がったワークプランをチームメンバーと共有して仕事を進めてもらうことになります。

　以上、こんな感じで「論点」、厳密には「サブ論点、サブサブ論点」にてチームメンバーをマネージすることが、「インテレクチャルリーダーシップ」の始まりとなるのです。

> **論点マネジメントはインテレクチャルリーダーシップの始まり。**
> **TASKマネジメントは時代遅れの「優しさ」のリーダーシップの始まり。**

いやまじで
そこまでせんでも

インテレクチャル
リーダーシップ

サブ論点、サブサブ論点

TASKマネジメントはまさに「良いPMO、悪いPMO」の「悪いPMO」につながる話になります。論点／サブ論点／サブサブ論点を意識せずにチームメンバーをTASKでマネージしてしまうと「悪いPMO」になり、チームメンバーとの距離は広がり、挙句の果てには

あの人ほんと、付加価値出してないよね。
ただただ、TASKの進捗確認をする人だよね。

などと言われてしまいますから。

では最後に再び、この言葉を叫んで締めることにしましょう。

論点マネジメントはインテレクチャルリーダーシップの始まり。
TASKマネジメントは時代遅れの「優しさ」のリーダーシップの始まり。

3

WBに残されしは「論点」

VS

いや、「TASK」になっております

WBC＝ホワイトボードチェックよ、
こんにちは。

論点マネジメントができていますか？
「優しさのリーダーシップ」に甘えてませんか？
まさかTASKマネジメントしていないですよね？
「インテレクチャルリーダーシップ」を発揮できていますか？

これらの問いかけに対して自己反省する方法がある。
それは、

**議論した後に残されたホワイトボードに
何が残されているか？**

これです。

　論点（サブ論点、サブサブ論点も含めた）が残されていたら最高。

　一方で、TASK、それも上図のような感じになっていたら反省してほしい。

　マネージャーとして「黄色信号」ではないか？と猛省してほしい。

　ではここで、もう少しプラクティカルな反省の仕方を説明しておきましょう。

- 今回、解くべき問い＝論点はクライアント、そしてMDとズレはなく、ちゃんと理解し言語化を行って彼らと議論したか？

- その論点をベースにサブ論点、サブサブ論点を立てて、クライアントやMD、そしてチームメンバーと議論し、言語化された形で共有されているか？

- 論点（サブ論点、サブサブ論点を含めて）と紐づく形でTASKが整理され、言語化された形で共有されているか？

このようになります。

TASKの議論が通常になっていると思いますので、このタイミングで［ロ→サ（サ^2）→T→ス→作→ア］を噛み締めて、WBC（＝ホワイトボードチェック）で甘えないようにしていきましょう。

皆さんのWBには何が残されていますか?

「論点バカ」は「自由」

VS

「TASKバカ」は「束縛」

ファーム内でも「TASKバカ」という言葉が市民権を得てきた模様。

　仕事をする中で、コンサルティングファームに限らず「いつの間にかTASKバカになっているじゃん」という表現をマネージャー/メンバー間で使っていただけると本当に嬉しい。

　そしてあらためて思うのですが、本当に「考える力」って「言葉」とのつながりが深いです。言葉に出すことで「共通言語」となり、その意味や背景を含めて丸ごとそのワーディングに入れられるので、パワフルに行動を変えることができるし伝播もしていく。

　よいことづくめです。

　ところで、

「TASKバカ」にならず「論点バカ」になる。

　これが「アウトプットの質を高める」ことにつながるというのは、前作緑ボンで甘酸っぱい思い出とともに、ひたすら理解・暗記してくださったはず。

　そして本書ではもう1つ、

　働く環境と申しますか、健やかな日々を勝ち得るためにも「TASKバカ」ではなく「論点バカ」になった方がいいぜ。

　という話をサクッといたします。

例えば、マネージャーとチームメンバーの関係において、「メンバー」の立場としてマネージャーからTASKを頂戴し、仕事を始めたとします。よくあるケースです。

　その場合、マネージャーはそのTASKを忘れずにチームメンバーを管理する。

あれどうなった？
もうすぐ終わりそう？
いつ終わりそう？

　こんな感じで。

　まさに「マイクロマネジメント」という名の「束縛」が始まってしまうことがある。

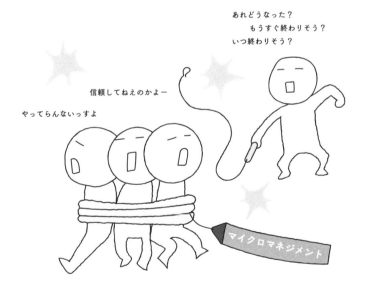

　これは健やかではありません。事細かに管理されるのは信頼されていない感じがして、何だかなぁという気分で働かなければならなくなります。

　何故かというと、仕事を振った側のマネージャーの頭に ［ロ→サ→T→ス→作→ア］で言うところの、［ロ→サ］が残っているから。

あれ？
この論点、どうなったっけ？

　その気持ちが束縛になってしまうのです。「今、私の愛しの彼、何しているんだっけ？変なことしてないっけ？」のように。
　なので、［ロ→サ→T→ス→作→ア］で言うところの ［ロ→サ］から根こそぎ、マネージャーから奪い取らないといけないのです。

　そうすると、マネージャーは本当の意味であなたに任せてくれる＝あなたのことを忘れて、マネージャーとしてすべき他の活動に気持ちよく専念できますし、チームメンバーのあなたも健やかに、信頼されている感を感じながら仕事ができる。
　またしても、よいことづくめです。

　ところで、

> **論点バカは「自由」 VS TASKバカは「束縛」**

　これは「チームメンバー」としての立場だけの話ではありません。コンサルティングファームでもどこでも組織にはヒエラルキーが

あり、ピラミッドの形をした相似形となっています。つまり、「マネージャー → チームメンバー」という構造は目線を上げれば「MD → マネージャー」であり、当然ですが

> 「お金をたっぷりくれる」クライアント → MD

このようになっていきます。

この話は、どの階層の「支配する側 → 支配される側」においても変わりません。

論点バカは「自由」 VS TASKバカは「束縛」

違う言い方をすれば、

論点バカは「高単価」 VS TASKバカは「低単価」

本当にこれが真実なのですよ。

だから全ビジネスパーソンよ、覚えておこう、この真実を。

あのさぁ、これだと自分でやったのと同じなんだよね 手足を動かすだけじゃなくて、頭をもっと使ってよ。

こう言いたくなればなるほど低評価になる。

そしてこれは、「コンサルタントとは何者か？ 何を売っているのか？」につながる話にもなります。

> **［ ロ → サ → Ｔ → ス → 作 → ア ］**
> （億）　（万）　（千）　（百）　（十）　（一）

　クライアントに何を売っているのかによって、付加価値＝＄が変わってくるわけです。

　売りモノがPPTと認識されていれば、「一の位」の価値となりフィーも低くなる。そして、TASKとなっていてもせいぜい「千の位」が関の山。

　でも、「論点→サ」となっていれば「億、万の位」を狙えるということになります。故に、フィーが高くなるという構造なのです。

　世の中にはコンサルタントに対する悪口が存在しますが、それとリンクしますよね。

　「高級文房具」「パワーポイント屋さん」あたりは、『「ア」だけをやっているんだろ？』的な悪口を言われているでしょうし、「作業屋さん」「業者」あたりは、『「Ｔ以降」だけをやっている人』などと見られているから。

　でも決して、悪口が溢れる世界でも、次のような悪口は聞かないと思う。

「論点」を売りつけやがって、このやろう。

　ビジネスにおいて「知らぬが仏」はありませんから、その論点を「今」解くかどうかは別としても、解くべき問いである論点に気付かせてくれて、たっぷりのお金と少しの愛を与えるだけで［ロ→サ→Ｔ→ス→作→ア］をセット売りしてくれるんですからね。

　本当にありがとう！

悪口は世の中を表しますよね、ほんとに。

ということで、次のフレーズを心に刻みましょう。

論点バカは「健やかな生活」の始まり。
論点バカは「お金持ち」の始まり。

　なお、本書では骨太な思考と働き方について丁寧に語りたいので、少なくとも次の5番までは前作である緑ボンの進化と言いますか、重要すぎるけど地味なテーマについて語ります。

　お付き合いください。

地味に地道にコツコツと。
勝つコツコツ、コツコツと。
だよね、本当。

5

「ズレる構造」を理解

VS

「ズレる」は結果的

なぜ「思った通りのアウトプット」が出ないのか。

マネージャーになると、チームメンバーをある意味動かして壮大なアウトプットを生み出すことが求められます。そして、これは誰しも経験があるでしょうし、巷に溢れるビジネス書（マネージャー向け）にも腐るほどこんなことが書かれている。

「自分」でやるのと「誰かにやってもらう」のは異なる。

だから結果的に、お願いしたパワーポイントを始め、アウトプットを見たときにマネージャーの皆さんは誰しもが叫ぶ。

全然、思ったのと違うじゃん。

しかし、ここで大きなVSが、大事なVSがございます。

> 上：お願いしたことと違うじゃん。
> VS
> 下：言われたとおりにやったのに。

そうなんです。

組織の構造上、「下」の位置に来てくださっているチームメンバーにしてみたら、

おい、マネージャーよ。
言われた通りやったのに、何だその「がっかり感」は?
がっかりしたのはこっちだよ。
ちゃんと指示を出せよ。

となっているわけ。

つまり、アウトプットが悪いのはマネージャー、つまりあなたのせいかもしれないし、もう少し僕的な解釈をするとこうなります。

アウトプットがズレてしまった原因は、
「マネージャーである自分」だと考えた方が健やかに成長できる。

そしてその成長の一歩としてすこぶる大事なのは、「ズレる」構造をちゃんと理解しておくこと。

なお、そのズレについては、ご存じ皆の ［ロ→サ→T→ス→作→ア］に沿って説明できちゃいます。だから、図を２つも使ってしちゃいます。

言われたとおりに
やったでしょー

ワシらのせいじゃないわ！

お願いしたことと違うだろテメーら

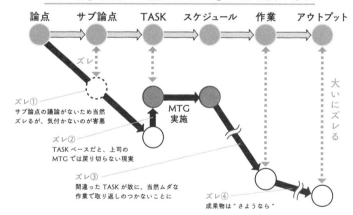

「ズレる」構造：「メンバー」は知らぬ間にズレていく生き物

論点　サブ論点　TASK　スケジュール　作業　アウトプット

ズレ

MTG
実施

大いにズレる

「ズレる」構造：当然、「ズレる」には理由がある

論点　サブ論点　TASK　スケジュール　作業　アウトプット

ズレ

ズレ①
サブ論点の議論がないため当然
ズレるが、気付かないのが害悪

MTG
実施

ズレ②
TASKベースだと、上司の
MTGでは戻り切らない現実

ズレ③
間違ったTASKが故に、当然ムダな
作業で取り返しのつかないことに

ズレ④
成果物は"さようなら"

大いにズレる

　まあ、ほぼ図のまんまなので「読んでください」で十分だと思い
ますが、ちょいとだけ補足しておきましょう。

　まず論点が提示され、チームメンバーと共有されます。これは基
本、活字に落ちているのでズレることはそうありません（もちろん、

その「論点」自体がクライアントとズレることはありますが、今回はその話ではないです)。

　そしてサブ論点。ここで大きくズレるのです。

　「正しい、正しくない」という議論を抜きにして、そもそもマネージャーのサブ論点と、チームメンバーが書いたサブ論点は異なります。しかし、そのサブ論点の「質」でズレることもそうなのですが、それ以上に論点とサブ論点、サブサブ論点をちゃんと言語化して議論していないのです（前ページの図の点線丸部分を参照）。

論点ワード（論点スライド）も作ってない。
そして当然、論点ワードベースでも議論してない。

　だから、ここでズレる。
　その後はTASK設計したところで、to doの形でディスカッションします。
　しかし、TASKは「〇〇を調査します」などの為、論点（サブ論点、サブサブ論点）まで議論が及ばず、ズレは殆ど解消されません。せいぜい、マネージャーから追加で「この作業やっておいてよ！」となるくらいです。

　スケジュールは「いついつまでにしろ！」ということなのでズレませんし、当然、ズレなど解消されません。
　そして実際に作業を行い大きくズレて、アウトプットの形式を作るときにも更にズレる。その後、チームメンバーと打ち合わせをすると、

全然違うじゃん。

　となるわけでございます。

　本当に悲しい出来事です。

　この「ズレる」構造を理解しておくことは非常に大事。だって、ズレる構造を理解するからこそ、

　わざわざ「論点ワード」を書くし、書かせるのですから。

　最後に1つ。

　チームメンバーのコンサルタントの仕事は、よちよち歩きでもジョギングでもなく全力疾走です。故に、この言葉を忘れてはならない。

コンサルタントは全力疾走でズレていく。
だから、最初にズレを解消しておかないと
えらいことになるよ。

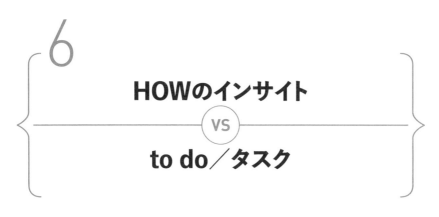

HOWのインサイト

vs

to do／タスク

僕の周りにいる論点バカ症候群。

　これは嬉しいことでもあるんですが、僕が提供している「考える
エンジン講座」で論点思考を教えていることもあり、周りには「ロ
→サ」を思考の中心、付加価値の源泉にしてくださる方が多い。

　一方で、ある意味では仕方ないのですが、次のような方もいらっ
しゃいます。

論点以外をないがしろにする罠にハマる。
何だか、TASKを設計している自分に雑用感。

　僕はこれを「論点バカ症候群」と呼んでいます。

　でも、TASKバカにならないのは偉いぞ。
　論点バカ症候群にハマるなよ。

　つまり、次のステップに向けて皆が通る道なので、よいことでも
あるのです。

　で、次にぜひ意識してほしいのが、前作緑ボンでお伝えしたかっ
たテーマであり、皆さんにあちこちで仕事しながら語ってほしかっ
た言葉でもあるこちら↓

HOWのインサイト。

うん、本当にこの響きがたまらないHOWのインサイト。

［ロ→サ→T→ス→作→ア］のT＝TASK設計のときに、インテレクチャルリーダーシップを取る際に発揮するのがHOWのインサイトとなります。

HOWのインサイトは、メンバーにとってはわかりやすい「マネージャーへの感謝」にもつながるので非常に大事。

そこで、具体的なHOWのインサイト例を示しながら、HOWのインサイトの作り方というか、その時の頭の使い方を体感していただきたいと思います。

HOWのインサイトクイズ！

表参道を始め13店舗ある美容院チェーン店「NORA」の代表である「広江さん」は、フィリピンのマカティに店舗を出すことに決めました。その広江さんから「フィリピンの美容院事情を調査したいのですが、どのようにやればいいですか？」と相談を受けたのですが、皆さんならどう調査しますか？

さあ、皆さんも「自分ならどうするかな?」と考えてみてください。

調査という作業は、コンサルタントに限らずあらゆるビジネスパーソンが直面するし、何より調査が上手ければそれだけでヒーロー。更に生計も立てられると言ってよいほど奥深いもの。

皆さんは何を思いついたでしょうか？

HOWのインサイトの当て馬である「VSタスク／to do」で言えば、次のような感じですよね。

①フィリピンに住んでいたことがあるという遠い友人に「いつも君のことが気になっていたよ」などと連絡を取り、30分のインタビューをさせてもらう（実際、これは前作緑ボンでも書いたday0の基本動作です）。

②「（ランチインタビューさせてください）プロジェクトでフィリピンのヘアカット事業を調べています」と社内メールし、インタビューを行う。これもBCG時代、毎週誰かが全社員に対してメールしていました。

③「フィリピン　ヘアカット」というキーワードで、Google検索を皮切りに書籍や記事を探す。コンサル界隈で言えば「キジケン」と呼ばれる作業ですが、これもしないと始まらないのでやります。

④競合調査も忘れてはいけないので、同じエリアの美容院の調査を行う。実際に、「お客さんになる」「出てくるお客さんを観察する」「可能なら働かせてもらう」こと（これも大事です。けど、度が過ぎるとバトルになります。紳士であれ！）。

　この辺りは基本動作なので当然、HOWのインサイトには入りません。とはいえ、HOWのインサイトを気に入りすぎて基本動作を怠らないでくださいね。

　あくまで「基本動作は必ず行う」という前提で、「おー、確かに言われてみれば、その作戦いいですね！」というものでございます。

　ところで前述の①〜④だけど、続きの⑤としてHOWのインサイトを書こうと思う。

> ⑤マッチングアプリ。フィリピンで言えば「Tinder」でイケメン・独身、彼女なしの社員が7：3の公私のバランスで、デートをしながら女性のヘアカット事業を調査する。

　あ、言い忘れておりましたが、このクイズは実話中の実話でございます。NORAの広江さんにお誘いを受けて、「NORAマニラ店」に伺った際の道中で教えてもらって感動したお話。

事業を立ち上げる際に広江さんが社員の長田さんに指示を出したのが、Tinder調査なのです。

　これぞインテレクチャルリーダーシップであり、HOWのインサイトですよね。

　ほんと良すぎるHOWのインサイト。

　ところで。

　皆さんも今後、TASK設計をするときに悩むことになるでしょう。自分の設計したTASKが「HOWのインサイト」なのか、それとも

「単なるタスク／to do」なのかを。

　僕がそんなときに意識していたのは、そのTASKを第三者／クライアントに対して説明したときに、

そこまでやるのかBCG！

　と言われるか、言われそうかどうかです。

　つまり、泥臭く手間を惜しまず、
　狂気に満ちたTASKなのかということ。

　事業を立ちあげる、それも異国の地となれば、「なりふり構わず」な狂気が満ちていないのならやらない方がいいでしょう。

　皆さんも「たかが調査」とは思わず、狂気に満ちあふれたTASK、HOWのインサイトを意識して、チームメンバー、ひいてはMD／クライアントに対してインテレクチャルリーダーシップを発揮してくださいませ。

論点に付加価値を！
TASKにHOWのインサイトを！

7

ケース設計

VS

TASK設計

TASK設計が平面図形なら、
ケース設計は立体図形。

BCGの言葉で言うと、「1つのプロジェクトのリーダーとして複数人のチームメンバーをマネージしながら、ワガママの極みのようなMDのおもりもする」という役割があります。

それがケースリーダー。

コンサルティングファームのテニュア（役職）には、ざっくりと次のようなものがあります。

下から順に

- **アソシエイト**
- **コンサルタント（＋シニアコンサルタント）**
- **マネージャー（BCGでは「プロジェクトリーダー」）**
- **シニアマネージャー（BCGでは「プリンシパル」）**
- **ディレクター（これまでに散々出てきたMDのこと）**

で、「プロジェクトを仕切る」という役割のことを「ケースリーダー」と呼んでおりまして。だからマネージャーに昇進しても、ケー

スリーダーをやっていなければ一人前とは言えません。

　なおBCGでは役職として「プロジェクトリーダー」があり、プロジェクトの役割として「ケースリーダー」があります。ですので、「プロジェクトリーダーなんだけどケースリーダーをやってない人」もいたりしますが、通常はプロジェクトリーダーがケースリーダーをやることになります。

ケースリーダーをやってこそ、
一人前のマネージャーだと言えるのです。

　そのケースリーダーが、きちんと理解しておかねばならないことがある。それはどんな会社であれ、その規模を問わず、あらゆるプロジェクトをリードする立場にあるすべての人が理解すべきこと。
　それこそが今回のテーマです。

ケース設計　VS　TASK設計

　そう、ケース設計とTASK設計の違いとは何か？でございます。
　何かプロジェクトを担ったとき、この違いを意識することが大事なのです。
　ということで、実際にケース設計とはどんな感じなのかをお見せしつつ、TASK設計との違いを感じていただくことにしましょう。

　貴方はコンサルティングファームのマネージャーであり、お菓子やアイスなどを扱う食品メーカーの社長から相談事が舞いおりました。

> 社長の悩みとは、シンプルに言えば「目立った新商品が生まれていない」ことに尽きます。社長は「原因は、社内のマーケ部門の組織能力の低さ」だと認識。だから、3Cを分析＆課題を定義して、次期戦略（立て直し策や新商品立ち上げ）に活用したいと思っています。
> 　3日後に、そのための提案ミーティングをMDと行う予定です。

　まさに、ケースリーダーのお仕事の醍醐味とも言えるお題です。

　なお、本書は「コンサルが」という立ち位置で書かせてもらっているので、この書き方になっておりますが、事業会社の皆さんは「社長＝自社の社長、役員、部長」と読み変えていただいても全く問題ありません。

　これは骨太な問題なので、一度このページを写真にとり、移動時間など折に触れて考え、雑でもいいので紙に書いてから読み進めるのが最高。ケース設計のやり方を示すのは本書でもこの問題だけですから、ぜひ考えてみてくださいませ。

さて、それではケース設計をしていく様をお見せして行きましょう。ケース設計とTASK設計の違いをぜひ堪能してください。

　皆さんは最初に何を思ったのだろうか？

　きっと、「どんなTASKにしようかな？」みたいな思いを巡らせてくれたことでしょう（今回は「活字」でのお題を解く形式なので、実際に目の前でクライアントに言われるより遥かに難しいかと思います）。

まずは、お題に込められた「思い、というか意図」を捉えることから始めます。

ということで再度、お題を読んでみてください。

　　貴方はコンサルティングファームのマネージャーであり、お菓子やアイスなどを扱う食品メーカーの社長から相談事が舞い降りました。

　　社長の悩みとは、シンプルに言えば「目立った新商品が生まれていない」ことに尽きます。社長は「原因は、社内のマーケ部門の組織能力の低さ」だと認識。だから、3Cを分析＆課題を定義して、次期戦略（立て直し策や新商品立ち上げ）に活用したいと思っています。

　　3日後に、そのための提案ミーティングをMDと行う予定です。

いかがでしょうか？

このお題で言うと、社長の「匂い」を感じられないとケース設計はできません。

匂いというか。
悪意というか。

これは「僕がケースリーダーをやるからこそ」の、ケース設計の醍醐味となります。誰がやっても同じようになるのであれば、価値はありませんからね。

ということで、三度掲載のこのお題。

貴方はコンサルティングファームのマネージャーであり、お菓子やアイスなどを扱う食品メーカーの社長から相談事が舞い降りました。

社長の悩みとは、シンプルに言えば「目立った新商品が生まれていない」ことに尽きます。社長は「原因は、社内のマーケ部門の組織能力の低さ」だと認識。だから、3Cを分析＆課題を定義して、次期戦略（立て直し策や新商品立ち上げ）に活用したいと思っています。

3日後に、そのための提案ミーティングをMDと行う予定です。

後半のアミ掛け部分、ここに感じなければいけない。

この「活用したい」という表現、3Cなどの分析結果を活用したい！という表現には、

お前らのことは信頼していない。
そしてこちらからすると、
クライアントとの距離を詰められていない。

という意味が暗に込められているのですよ。

もし信頼しているのなら、この表現にはならないからね。信頼があれば「一緒に作りたい」、もっと信頼していれば「作っていただきたい」となるはず。

もちろん、この「解釈ができる」ことがケース設計というわけではなく、クライアントの真意を読み取り、その距離感を踏まえて、どう進めていけば健やかなのか？までを論点にしないといけない。

これがケース設計だよ！というのがメッセージです。

では、実際にケース設計をしてみるとどうなるのか？
具体的なアウトプットは、
プロジェクトの進め方≒スケジュール
となります。
せっかくなので、皆さんも考えてみてください。

さぁ、ケース設計をしてみよう。
仮に6か月プロジェクトだとしたら、どのようなスケジュールのスライドを作るだろうか？

1枚の「スケジュール」スライドがどういう思考の連続で作られるのか、丁寧にお見せしていきましょう。

そもそもの話となりますが、「スケジュール1枚」を書くとしても、スライドから書き始めることなどありません。まず「信頼がない」わけですから、前半フェーズで「お前らやるじゃん」を示すことになります。

①「本当にすべき」新商品開発に向けた下準備。
　我々が新商品開発に向けた下準備＝市場調査や現商品の売れ行き分析などをした場合、それは「ここまでするんだ！コンサルタント」を示すモジュールでもある。

でも、信頼ができていない社長、クライアントは絶対にこう言うだろう。

このくらいのことは、
うちのマーケティング部もやってるよ。

なので、とことん①をやりつつ、もちろんその「差」を見せるため次の②を行います。

②「今、現状の」マーケティング部の新商品開発に向けた活動
分析。
「**現状、新商品の開発する際の下準備として何をすることに
なっており、何を実際に行っているのか？**」を明らかにする。

これのポイントは、「今」だけでなく「何をすることになっているか？」を調べることで、彼らマーケティング部隊にも"言い訳"の余地を残させることにあります。

これも大事ですよね。

イメージで言えば、①：②の稼働比率が「7対3」という感じです。

では、その上で次に何をするのか？

①と②で、メッセージとしては「ここまでやんないとだめだよね、ほんとに」とマーケティング部の皆さんが感じることになります。で、その上でもう一段、個別具体の新商品開発に訴求しなければいけない。

つまり具体的に言うとこれ。

③「これからの」マーケティング部の
　あるべき下準備の「型化」。
④「型化」ベータ版でのマーケティング部主導の
　トライアル。

　まずは③ですが、これまでの①②から「今後こうしていけばい
い！」というものを、この段階で形にします。それをやりつつ、そ
のベータ版で、実際に④で主要商品のマーケティング部の方にブ
ラッシュアップしてもらいます。
　そうすることで、総括的な「下準備」だけでなく、マーケティン
グ部の現場の知識や経験をも活かした下準備アウトプットを④で作
れることになるのです。

　まだですよ。
　更にその上で、

⑤これからのマーケティング部の「下準備」の最終化。
⑥副産物としての「各主要商品の」下準備アウトプット。

　これらにつないでいく。
　そうすることで、プロセスを作っただけでなく「明日から実マー
ケティングに使える材料」をプレゼントできるので、実に濃いプロ
ジェクトになる。更にそのアウトプットの質が高いので、「餅屋は餅
屋」ということで、大規模な新商品開発をまたお願いされる・した
ほうがよいという流れになるわけですよ。

さて、ここまでの思考の流れを1枚のスライドに落とすと、下図のようになります。

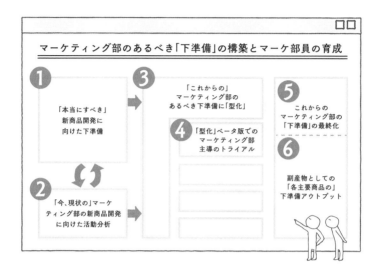

これが「ケース設計」なのです。

「TASK設計」とは一味も二味も違いますよね。

TASK設計＝
論点を解くためにどんなTASKをすべきか?

ですが、それに加えて

ケース設計＝「健やかに」論点を解くために
どんなTASKをすべきか?

と、「健やか」が付く感じでございます。

以上、今回はクライアントとの距離感を中心にケース設計をしましたが、それ以外にも健やかにするために意識すべきことがある。

- クライアントとの距離感はどのくらいで、どのように詰めて僕らの提言に本当の意味で納得してもらうか？
- その為に、どのタイミングで成果＝クイックヒットを打ち、最終的に「答えのないゲーム」の中でホームランを打つのか？
- その為に、どのような会議体を設けて進めていくのが大吉なのか？
- それだけでなく、社内のチーム目線で今回のチームメンバー（クライアントも含めて）を鑑みた場合、どのようなTASK設計＝定量調査・定性調査のバランスにすると最大付加価値となるのか？
- 今後のビジネス（フォローケース）を取る意味で、どの部分は「手弁当（コンサルティングファームのお金や人で、無料で“余計”にプレゼントとして過分に働いてあげることで恩を売り、次のケースにつなげること）」でも厚く検討すべきで、逆にどの部分は次のケースとすべきなのか？

　などなど、本当に色々なことを考えるのが、皆さんにチャレンジしてほしいケース設計なのでございます。

TASK設計の「平面図形」から、ケース設計の「立体図形」の世界へ！

8

モジュール設計

vs

役割分担

「モジュール設計」はケース設計のお友だち。

この話は先ほど既に出ておりましたが、これを単体として「暗記してアンテナ化」してほしいので、あらためてサクッと書かせていただこう。

マネージャーともなれば、TASK設計であれケース設計であれ「こういうTASKをすべき」ということを洗い出すことになります。チームメンバーとしてやるときは1人ですから、この話は出てきません。つまり、マネージャーならではの思考・視点となるのです。

具体的には次の2つ。

- 洗い出したTASKを、スケジュールやそれぞれのTASKの関係性を鑑みて「モジュール化」する。前項の内容で言うと、①〜⑥のそれぞれが1モジュールとなる。
- そのモジュールを誰にさせるか?を考える。

これがモジュール設計となります。

なお、両者は相互依存というか、相互に作用しております。

「モジュールをこういう切り方にしたのだから、それならこのモジュールはこのチームメンバーにさせよう」

⇕

「このメンバーだと、それぞれに得意・不得意／やりたい・やりたくないがある中で、どのようなモジュールの切り方がベストなのか?」

こんな論点を噛み締め、思考しながら「役割分担」することを役割分担の上位互換として、「モジュール設計」を捉えてくださいませ。

「役割分担」のその先にあるのが「モジュール設計」。おはようございます!

論点スライド

VS

本当に書けておられますか？

「論点スライド」をちゃんと書けてこそ、
一人前のマネージャー。

　前作緑ボンの軸はもちろん［ロ→サ→T→ス→作→ア］であり、それと同じタイミングで作るべきアウトプットをご紹介しましたよね。

　皆さん、ちゃんと覚えていますか？

［ロ→サ（サ^2）→T→ス→作→ア］

　そう、論点スライドを覚えていますか？

　覚えてない人は、緑ボンの008（P49）をもう一度、3分もかからないので読んでみてください。

ロ→サ（サ^2）＝論点、サブ論点、サブサブ論点までを描き切った、パワーポイント1枚が「論点スライド」であります。

　ところで、皆さんは仕事をする際に、アウトプットを出す際にこれを「ちゃんと」書き切ってから、［T→ス→作→ア］をしているだろうか？

今回は、どのレベルで書ければ「ちゃんと」になるのかをご説明したいと思います。

　では、題材となる論点を示しましょう。今回は「45分」考えてから次に進んでください。少し長いですが、本書全体を通じて1問しかありませんので。

　お題はこちらです。

　日本の朝の風物詩と言えば「満員電車」です。そこで、ざっくり「満員電車を解消する方法は何か？」を考えてみることになりました。

　論点スライドだとPPT1枚の制約があるんで、文字数を気にしない「論点ワード」を書いてみてください。

　本当にここでちゃんと考えてみた上で、僕が作った以下の回答を見るようにしてくださいね。そうすれば進化も格段かと思います。

満員電車を解消する方法は何か？

（A）　鉄道会社は今、どのように「満員電車」を生み出してしまっているのか？

A1）「満員電車」が生まれてしまう構造はどう捉えればいいか？

　　（電車のキャパ＋乗客の乗るタイミングの偏り＋乗客との理想ギャップ＋日本人特性）

- そもそも、「満員電車」はどの列車で起きているのか？
- 海外でも同じ「満員電車」は問題になっているのか？

A2)　例えば、「池尻大橋駅（半蔵門線、渋谷方面行）」を例にした場合、「満員電車」は "いつ時点" で満員電車なのか？

- 「二子玉川」「三軒茶屋」などの1つの駅でドカッと乗車して満員電車　VS　駅ごとに少しずつ乗車して満員電車。
- 一度、満員電車になったらずっと　VS　乗ったり降りたりを繰り返して、2,3度満員電車になる。

A3)　ちなみに、過去のデータから「ダイヤ」をいじることで、満員電車は机上の空論としては無くせるのか？

- 「その電車しか無理」「＋－5分ならOK」「＋－10分まではなんとかOK」など、顧客の感覚はどうような構成になっているのか？

A4)　「満員電車」を解消することによる経済効果はどのくらいあるのか？

- その他のメリットは何か。例えば、「痴漢がなくなる」「喧嘩がなくなる」「無駄な駅員がいらなくなる」など。

A5)　現在、「満員電車」に乗らざるを得ない乗客の皆さんは、どのような対策をしているのか？

- 1時間早く動き出す　VS　遠回りでも他の交通手段を使う（VS　我慢）。

（B）　「満員電車」の原因をどのように捉えるのがよいのか？

B1)　鉄道会社にとって「満員電車の解消→利益アップ」が直結しておらず、また国営が出自だけあり「競合＝バスなど」といった意識も皆無で、トップが「お客様の満足度向上」を論点としてないのがそもそもの問題なのではないのか？

B2)　日本人の「人との距離感」の変化（昔より、近づくのに嫌悪感）や、リモートワークによる「時差出勤」などにより電車に対する期待値が下がっているのに気づかず、「無駄に、3分に1度来る」を実行し、肝心の「需要が高い時間」の投資配分をミスっているのではないか？

（C）　その原因を解消し、実現可能なプラクティカルな打ち手はどんなものがあり得そうか？

C1)　「30年スパン事業」×「民営と言いつつ国営気質」の中、プロジェクトを推進するにはどのような内部、外部メンバーを巻き込むべきなのか？

C2)　過去のプロジェクト、例えばPASMO導入時にぶつかった壁はどんなものがあったのか？

　以上、僕はこんな感じで書いてみました。

　この論点スライドはそれこそ「答えのないゲーム」ですので、これが答えだ！ということではありません。だから、自分が想像していたのと比べながら「このレベルまで練り込まないといけない感」を感じてみてください。

　そして、これを本当に自分のものとして書きたい。論点スライド、論点ワードを書きたい。そんなふうに思った方はぜひとも、僕の「考えるエンジン講座」を受講しにきてください。

　今のところは、僕が1対1でお教えしております。

でも、そのうち動画になったり、1対多になったり。

いや、柔術家になって教えてないかもしれません。

だからお早めに！

それは柔術ちゃうで

おりゃー

タカマツ

ぐわー

10

ワークプラン

VS

本当に書けておられますか？

論点ワードからの「ワークプラン」。

　論点ワードを書いたら、次はもちろん、論点（サブ論点、サブサブ論点）とTASKを紐づけたアウトプット「ワークプラン」を書ききれたら最高。

　論点ワードを書けるならワークプランは楽勝です。
　だからHOWのインサイトを込める努力を！

　という感じでございます。
　今回は先ほどのお題「満員電車を解消する方法は何か？」の論点ワードをベースにワークプランを書いていきたいと思います。

　簡単に言えば、僕の書いた「論点、サブ論点、サブサブ論点を解くために、どんなTASKが必要かを考える」ということです。

　書き方は色々ありますが、僕はPowerPointではなくWordで書かれた「論点ワード」にインラインで文字の色を変えて書くのが好みです（今回は本の体裁上、アミ掛けにしてあります）。
　ちゃんと論点ワードが出来上がっているなら自然と書けるはずなので、さっさっさっと読んで「ワークプラン」とやらに慣れ親しんでください。

満員電車を解消する方法は何か？

（A） 鉄道会社は今、どのように「満員電車」を生み出してしまっているのか？

A1）「満員電車」が生まれてしまう構造はどう捉えればいいか？

（電車のキャパ＋乗客の乗るタイミングの偏り＋乗客との理想ギャップ＋日本人特性）

- そもそも、「満員電車」はどの列車で起きているのか？
- 海外でも同じ「満員電車」は問題になっているのか？

→

- 「満員電車」発生構造の類型化に向けた鉄道会社の「満員電車」データの分析。
- 海外、特に日本と同様の先進国の「満員電車」の事例調査。
- （あるか不明だが）「満員電車発生」に関する数学的アプローチ論文リサーチ。

A2） 例えば、「池尻大橋駅（半蔵門線、渋谷方面行）」を例にした場合、「満員電車」は“いつ時点”で満員電車なのか？

- 「二子玉川」「三軒茶屋」などの1つの駅でドカッと乗車して満員電車　VS　駅ごとに少しずつ乗車して満員電車。
- 一度、満員電車になったらずっと　VS　乗ったり降りたりを繰り返して、2,3度満員電車になる。

→特定の路線、駅での「満員電車発生分析」。

A3） ちなみに、過去のデータから「ダイヤ」をいじることで、満員電車は机上の空論としては無くせるのか？

- 「その電車しか無理」「＋－5分ならOK」「＋－10分まで

はなんとかOK」など、顧客の感覚はどうような構成になっているのか？

→「机上の空論」満員電車没滅のモデル化／シミュレーション。

A4）「満員電車」を解消することによる経済効果はどのくらいあるのか？

- その他のメリットは何か。例えば、「痴漢がなくなる」「喧嘩がなくなる」「無駄な駅員がいらなくなる」など。

→

- 「満員電車」に関するフォーカスグループインタビューによる、経済効果試算に向けた仮設立案。
- 「定量分析」の経済効果のモデル化／シミュレーション。

A5） 現在、「満員電車」に乗らざるを得ない乗客の皆さんは、どのような対策をしているのか？

- 1時間早く動き出す VS 遠回りでも他の交通手段を使う（VS 我慢）。

→打ち手の方向性議論に向けたアイデア出しとしての他社事例調査。

（B）「満員電車」の原因をどのように捉えるのがよいのか？

B1）鉄道会社にとって「満員電車の解消→利益アップ」が直結しておらず、また国営が出自だけあり「競合＝バスなど」といった意識も皆無で、トップが「お客様の満足度向上」を論点としてないのがそもそもの問題なのではないのか？

B2）日本人の「人との距離感」の変化（昔より、近づくのに嫌悪感）や、リモートワークによる「時差出勤」などにより電車

に対する期待値が下がっているのに気づかず、「無駄に、3分に1度来る」を実行し、肝心の「需要が高い時間」の投資配分をミスっているのではないか？

→（A）のインプットをベースにした議論材料をもとに、関係者各位と議論。必要に応じてワーキンググループ化。

（C）　その原因を解消し、実現可能なプラクティカルな打ち手はどんなものがあり得そうか？

C1）「30年スパン事業」×「民営と言いつつ国営気質」の中、プロジェクトを推進するにはどのような内部、外部メンバーを巻き込むべきなのか？

C2）　過去のプロジェクト、例えばPASMO導入時にぶつかった壁はどんなものがあったのか？

→（B）で出てきた課題に対して、打ち手の構築・優先順位付けの検討。

満員電車ってレベルじゃねえぞ

こんな感じに論点（サブ論点、サブサブ論点）に対して、TASK
を紐づけていきます。

このように、しっかり丁寧に思考された「論点ワード」があると、
健やかに考えられる・書けるを通り越して「誰が考えてもその
TASKになる」となるのです。

良質の「論点ワード」の先に、
良質の「ワークプラン」あり！

以上、お疲れ様でした。

そして、ここでやっとひと段落でございます。

丁寧に強くなる。

やっぱりですね。「マネージャー」としては、「少しだけ人の上に
立つ」役職としては、土台となる「思考」を丁寧に作る必要がある。
それが、本書1～10番までで説明してきたことです。

そしてここからは、軽快に「あ、なるほど。明日から思考に入れ
てみよう。働き方に入れてみよう！」とチェリーピックできる感じ
になっております。

というわけで、ここまでを少しまとめておきましょう。

「優しさ」のリーダーシップ＝過去の経験ベースに鼓舞や進捗管理
するマネージャーに甘えず、事業環境も社員も「変化が激しい」中
で求められるのは、「インテレクチャルリーダーシップ」です。頭の
使い方でチームメンバーのアウトプットに進化をもたらす。それが、
皆さんがマネージャーへの第一歩を踏み出す時に心に決めること。

「インテレクチャルリーダーシップ」宣言。

その上で、インテレクチャルリーダーシップを「発揮する」場面を見極める、意識する。当然、[ロ→サ→T→ス→作→ア] の前半に発揮する場面は訪れるし、そう認識する。

そのスウィッチとして、次の5つの言葉を念頭に置いてください。

> 論点ワード
> ワークプラン
> HOWのインサイト
> ケース設計
> モジュール設計

インテレクチャルリーダーシップの土台がしっかりできたところで、ここからは「インテレクチャルリーダーシップ」を磨く、コツを覚える、新しい視点に気づく、これらを学んでいただきます。

皆さん、楽しんでいきましょう！
そして丁寧に強くなりましょう！

7手詰め
VS
1手詰め／3手詰め

「詰将棋」はお好きですか?

　ここからは「インテレクチャルリーダーシップ」を磨く、いわば小噺ですので、これまでとは異なりサクサク進めるかと思います。「あ、これ明日からやってみよう!」「言われてみればこれ、もう自分やっている!」などと盛り上がりながら読んでもらえれば幸いでございます。

ところで皆さん、いつの間にか「1手詰め／3手詰め」していませんか?

　ということで、まずは次のお題を考えてみてください。

> 　トライフォース大島でブラジリアン柔術を始めて以来、最高の兄弟子であり「パスガード」したい相手でもある、親愛なる「内田さん」。当然、柔術を始めた2023年6月以来、僕の論点の1つは「兄弟子であられる内田さんからパスガードをするためには?」となっている。

　このような論点があったとします。

もっとわかりやすい例で言えば、BCGがアクセンチュアに勝つためには？でも、「NORAマニラ店」が競合に勝つためには？でも、どう捉えていただいて構いません。

その時にハマってしまうのが、

自分は内田さんを倒すために戦略、戦術を繰り出しているにも関わらず、相手である内田さんは「何もしない」前提で物事を思考してしまう。

これ。詰将棋で言えば、こちらが「王手」と言ったら逃げずに「参った」と言ってくれる＝1手詰め。あちらからは仕掛けて来ず、「こちらが想像する通りに」こちらと同じペースで動く＝3手詰め。このように物事を思考してしまう。

それが「1手詰め、3手詰め」思考です。

しかしビジネスという「戦場」では、そんなことは起きやしない。

あちらも「動く」。それも「最高に嫌なムーブをしてくる」と想定しなければならない。

それを、この対比で表現して

「7手詰め」思考と呼ぶことにしています。

先ほどのわかりづらい事例ですと、「今」の自分ベースで課題を発見し、打ち手を考えてしまっていますよね。それも、愚かなことに「内田さんは何もしない、強くならない」前提で戦略を考えている。

ほんと、意識しないと人間ってポンコツなので
とにかく自分に甘い。

もちろん、それでは結果につながらない。言われてみれば当たり前だが忘れてしまうのが、「7手詰め」なのです。

「内田さんも強くなる」＝自分が強くなることばっかり意識しているから、相手が強くなることを忘れる。そして、今回の柔術の例では「内田さんは僕に勝つことで何も生まれない」ので、特に「僕を意識した対策」なんてしようとしません。

でももし、これがお金の絡んだビジネスであれば、相手は当然ですが対策を打ち、こちらが期待するペースではなく動いてくるでしょう。例えば、

「NORAマニア店」が4店舗目として、フィリピンの有名百貨店内に出店することになったとする。その店舗の成長戦略をどう練るのか？

このお題で「7手詰め」思考を意識できれば、競合になりそうなNORAの動きに対してジェラシーを感じる方々（＝美容院）は、その噂を聞いた時にどのような動き、ブロックプレーをするのか？を思考することができる。

更に、競合だけでなく市場に対しての「7手詰め」もあります。

今の環境ではなく、百貨店にいざ入るときの市場環境はどう変わっているのか？もそうですし、「テナントとして入店するだけでブランドになる」百貨店に入った後の、爆上げしたNORAの知名度も思考に入れないと正しい戦略を練れません。

「1手詰め／3手詰め」で楽観的にならず、「7手詰め」を悲観的に思考へ組み込む。

いつでも、この思考を忘れない。そして、マネージャーとしてミーティングに参加した際には、次のように言い放つだけで「インテレクチャルリーダーシップ」の始まりでございます。

でも、これって競合が何もしないでぼーっと突っ立っているっていう前提でしょ？
そんなわけないじゃん。
僕らが戦略を考えるときにはね、彼らも必死に動いてくる前提で、最も自分たちが不利になるような前提に立つべきよ。

これぞマネージャーであり、これぞインテレクチャルリーダーシップだぜ。

12

先出しジャンケン

vs

後出しジャンケン

「先出しジャンケン」は王様。
「後出しジャンケン」は奴隷。

　僕の著作（タカマツボン）でもたびたび登場する、僕の兄貴であり憧れの存在でもあるNORAの代表「広江さん」とは、月1回ほど、僕らの聖地「青山食堂」でご飯をさせてもらっている。

　皆さんも本当に悩んだら、青山食堂を覗いてみてください。広江さんと僕と「レモンサワー」と「ザーサイ」がいますので、見かけたらお声をかけください。

　で、たまに美容院のスタッフの方も参加することがあります。名前は「前田美穂さん」。

　その前田さんはネイル部門を仕切るベテランネイリスト。それこそ、キャリア15年のスーパースターです。

　さて、彼女も事業を仕切る＝マネージャーとして、よくある悩みにぶつかっておりました。そしてまさに、レモンサワーを飲みながら前田さんのお悩みにお答えしたことで言語化された「マネージメント」の神髄をここで紹介させていただく。

　それは、本項の見出しにもしているこちらです。

「先出しじゃんけん」は王様。
「後出しじゃんけん」は奴隷。

前田さんに限った話ではなく、チームメンバーであるスタッフは今の仕事に対して不平を持つし、それが自分の下がったバイオリズムと重なれば、マネージャーにとっても経営者にとっても怖い一言が飛んでくる。

ちょっとお話があります。

本当にいつも広江さんとも話しておりますが、

ちょっとお話があります。

と言われて、それがよい話の確率は5％もないでしょう。つまり、95％は悪い話となる。だから本当に聞きたくないし、この言葉を聞きたくないという気持ちがわかってこそマネージャーになったとも言えるのです。

実際、話を聞いてみると、

実は、今月で辞めようと思います。

など、辞める・辞めないまで行かないにしても明らかに「自分から離れていく、外にいく」行動が起こされることでしょう。

その時に、「奴隷」マネージャーは次のようにやってしまいます。

え？
辞めないでよ。
休みも自由に取れるようにするし、
給料も上げるからさ。

そう、このように「何かネガティブムーブが起きてから、何かしらの対策を練る」ことを「後出しじゃんけん」と呼ぶ。そしてこれこそが、マネージャー、誰かをマネージする上でやってはならないことの1つなのですよ。

そんな「後出し」をしたところで、スタッフはこう思うだけ。

ただただ、自分の為に辞めてほしくないだけでしょ?
売上、自分の評価の為に言っているだけでしょ?

つまりまったく刺さっていない。真意は絶対に伝わらないし、仮に辞めずに残ったとしても「ずっと、ある意味でゆすられている」という状態なので、相手も「いざとなったら、辞めます!と言えば何とかなるでしょ!」となり、健全な関係には絶対に戻らないのです。だからこそ、マネージャーは歯を食いしばって「先出しじゃんけん」をしなければならないのだ。

もっとわかりやすく「給料」だけの話で言うと、こうなります。

辞めます、と言われてから昇給させる「後出しじゃんけん」はロイヤリティを下げるが、相手にとってサプライズ要素が5%入ったときの「先出しじゃんけん」的な昇給の場合はロイヤリティは上がる。

なお、これはお金に限った話ではありません。

休暇についてもそうだし、感謝の言葉もすべてそうなのだ。

ネガティブムーブの前の「先出しじゃんけん」しか勝てません。「後出しじゃけん」は後の祭りです。

前田さんの話は、マネジメントの世界では日常茶飯事に起きています。

　NetFlixの「ビリオンズ」のアクセルロッドがテイラーにボーナスをケチった話もそうだ。もし気持ちよく50億円払っていれば、あんなことにはならなかったでしょうに。

クーデターはいつでも起こりえるのです。
皆さんもご注意ください。

マネージャー1年目　=「インテレクチャルリーダーシップを磨く」

13

エレベータートーク

vs

端的に話せばいいでしょ？

allways エレベータートーク！

　マネージャー、プロジェクトリーダー、ケースリーダーともなると、大きく変わることが1つある。もちろん、チームメンバーをマネージしなければならないこともあるが、それは社内・身内の話なので、どうとでもなるっちゃなる。

　最大に変わるのは、社外の話す相手の「役職」が上がることです。コンサルで言えば、プロジェクトの対面は部長、役員、社長ってこともざら。それに伴い、その話し方にもより一層、気を遣う必要が出てくるのです。

　それは、何と言っても彼らは

忙しい。
忙しいからセッカチになる。

　だから、マネージャーになったときから徹底的に意識すべきことがあります。

　それがこれ。

エレベータートーク

ところで、コンサルタントとして上から言われる際の「エレベータートーク」には、通常の意味にプラスして1つメッセージが込められている。

①同じエレベーターに乗り合わせたら、1階に着く前に終わるくらい端的に話すんだよ（多分、これが通常の意味）。
②クライアントにばったり会った時に「その時点でのストーリーライン」を語れるようにするんだよ。

これが僕の中でのエレベータートークなんです。

これをいつでもできる状態にしなければなりません。それがマネージャーというもの。

①は前作緑ボンのP32で書かせてもらった「How are you？ I am fineの法則」が大事。忙しい人を相手にすればするほど、「論点にちゃんと応える」ことが重要ですからね。

そして②をするためには、愚直に次のことをやる必要があります。

毎朝、論点ワードを更新。
その上で今時点での答えを書き切る。

その書き切った答えを伝えやすくしたものが「ストーリー」。だから、愚直にこの活動をすることこそが、ある意味ではエレベータートークの神髄となるのです。

エレベータートークは端的に話すだけに非ず。
毎朝の日課にあり。

14

朝礼暮改

vs

初志貫徹

「初志貫徹」＝思考放棄というメンタリティ。

いきなりですが、

**「優しさ」のリーダーシップは「初志貫徹」を敬い、
「インテレクチャルリーダーシップ」は「初志貫徹」に
嫌悪感を持ちます。**

「指示したことは変えてはならない」「社長から言われたから、それを頑なに信じて進む」「薄々ズレてきてると感じてはいたが、変えるとマイナスと思われそうだから目をつぶる」などなど…ってのがもうね、これぞ初志貫徹を妄信するマネージャー。

まさに「優しさ」のリーダーシップ。

あるいは違う言い方をすれば、

**「答えのあるゲーム」を
全うしようとしているマネージャー。**

しかし、コンサルタントに限らずすべてのビジネスパーソンは「答えのないゲーム」をしている。だからこそ付加価値につながり、お金をいただくことになる。

「答えのないゲーム」をしているということは、つまりこういうことですよ。

インプットが変われば、仮説も180度変わる。

たった１つのインタビュー、クライアントの発言、MDのインプット、チームメンバーのFACT、ニュース、競合のニュースリリースなどで180度、進むべき方向は変わる、大いに変わるのです。

だけど、変わるということは「今までの検討が間違い」という事実を認めることであり、マネージャーとして、チームメンバーから「何だよ、だったら先に言ってよ」と思われてしまいかねないということでもある。

でも、そんなことは小さなことです。「答えのないゲーム」なら当たり前のことだと信じ切って進むメンタリティを持たなければなりません。
そう、

「答えのないゲーム」を楽しむマネージャーは朝令暮改を愛し、ひたむきに「インテレクチャルリーダーシップ」を追求する。

さようなら、初志貫徹。
愛すぜ、朝令暮改。

そして最後に。

チームメンバーの立場としては「朝令暮改」に出会ったとき、「何だよ！」と叫ぶ前に前作緑ボンのP24で学んだ「辻褄思考」のスウィッチをひとまず入れてほしい。

　チームメンバーから反発がくることを大いに理解し、その方がマネージャー自身の業務量は増えるにも関わらず「朝令暮改」になっているときは、「何か新しいインプットがあったに違いない！」と考える。そのために、『どう考えれば、この清き「朝令暮改」と辻褄が合うだろうか？』と愛と想像力を巡らせてほしいのです。

「朝令暮改」と「辻褄思考」はセット！

　なお、このことは相似形をなす組織において、チームメンバーだけでなく「上と下の板挟みになっているマネージャー」にも当てはまりますからね。

15

「示唆抽出だけ」の難しさ

vs

「分析からの示唆抽出」の楽さ

インテレクチュアルリーダーシップ
と言えば「示唆」。

マネージャーになると、チームメンバーが昔の自分のように「分析」や「インタビュー」をしてくれます。特に、万のデータを扱うExcelシートから解放された喜びはジワジワと嬉しさが込み上げてくる。

しかし、しかーし。

そんな思いも喜びも、チームメンバーとミーティングをすれば一瞬にして吹き飛んでしまいます。

まじムズイんだけど。
他人が作ったグラフで示唆を抽出するの。

なぜかと言うと、

今まではデータをExcelでいじりながら、「あーでもない、こーでもない」と色々な軸を弄りながら、仮説（＝このデータからこんな事が言えるかも）を思いついては検証がてら分析→グラフを作り直すを繰り返していたからだ。

もう、チームメンバーの分析スライドを見るやいなや、もう喉まである言葉が出かかっている。いや、少し忙しい時なら言ってしまうだろう。

もういいや。
Excelのデータを1時間で綺麗にして送っておいてくれる?
あとはやっておくわ。

これこそ威圧しつつ仕事を巻き取るというか、わかりづらいかもしれないけど、これももちろん「優しさ」のリーダーシップなんです。
「代わりにやる」ってのは「優しさ」のリーダーシップのど真ん中であり、「うまくチームリーダーを動かし、良い示唆を出せなかった」と反省しなければなりません。

とは言え、パッと見ただけで簡単に示唆を出せることはほぼない。そのミーティングに至るまでのプロセスを進化させる必要がある。なので、そのプロセスを丁寧に書いておきましょう!

「チームメンバー」に分析→示唆抽出のお願いの仕方

①まず、「データ整備」を1つのTASKとして括り出す。

- 人間はデータを目の前にすると、すぐに分析をし始める。そして、その思いついた「分析の軸」ありきでデータを整えてしまう。結果、「部分最適」な、他の分析がしにくいデータ整備に留まってしまう。
- なので、チームメンバーの「TASK設計」時点で、「データ整備」と「データ分析」を分けて設計させる。

②次に、TASK設計から生み出されるワークプラン時点で、ワークプランのフォーマットは「アウトプットイメージ付き」のを選んで、先に分析の軸について議論。

- 「どのデータを使い、どんな仮説を検証するために、どんな軸取りをして分析をするのか？」を議論する。
- 「こんなことが分析で証明されたらおもろいよね」と言うのがインテレクチャルリーダーシップの始まり。

③その上で、分析のアウトプットを「PPTスライド」には絶対にさせない。議論すべきは軸取りとその結果であるため、「見せ方」などどうでもいい。

- この時にPPTスライドを強要するなどもってのほかだし、そのExcelシートの印刷で「見えればOK」で行く。
- 単位が書いてないとか、「PPTスライド」に対するインプットみたいなのはマネージャーの発言として下の下。

④更に、会議室でプロジェクターにExcelシートを映しながら、「このデータ、こうしたらどうなる？」といったミーティングを想定し、時間も長めに。リモート会議は避ける。

- 「今のインプットを基に、後ほど分析してお送りしますね」とかやっても、また「その軸じゃなくて！」と繰り返し時間が無駄にかかる。
- なので、このスタイルでやることを前提にミーティングをセットする。

⑤最後に、この分析を新しいインプットとした場合、どのようなストーリーに変わるのか？ 手持ちの論点ワード／ストーリーラインを更新する。

- まさに、エレベータートークの際に「毎朝更新しましょう！」と話したことがこれ。

こんな感じで、自分でやる以上にTASK設計、プロセスを「丁寧に」指示しないと、その後に自分の首を絞めることになります。

ヘンテコなスライドを見つつ、その背景にある生データを想像して、そのデータを頭の中で違う軸で分析し直して、どんな感じのグラフになり、メッセージが出そうかどうかを、Excelを弄らずに発言せねばならない。

　こんな悪夢は避けるべきなのです。
　だから、前述①〜⑤を意識してチームメンバーを促してほしい。

　では最後に、アウトプットイメージを意識したワークプランを参考に載せておきましょう。

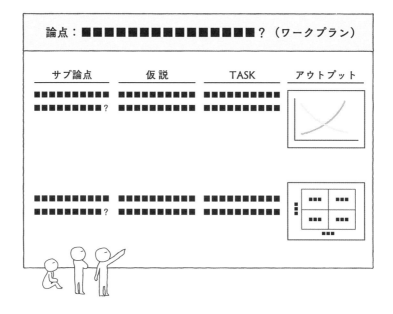

あ、1つ忘れておりました。

先ほどの5つに加えてもう1つ。

示唆抽出をスキルとして学ばせる。
そう、タカマツボン『答えのないゲームを楽しむ 思考技術』(実業之日本社)をチームメンバーにプレゼントして読ませておきましょう。

皆さんは大丈夫かと思いますが、一応、叫んでおきましょうか。

タカマツボンは全部読んだかい?
本当にありがとうございます。

16

評価基準（サイコロ＋"何をもって"）

VS

評価基準もどき

ビジネスも人生も「選択」の連続だ。

そうなんですよ。選択、つまり「意思決定」の連続でございます。

その意思決定をする上で、これを立てること自体が意思決定そのものだと言えるのが、

評価基準を立てる

ということです。

評価基準を立てさえすれば、あとは他の人にやってもらったとしても結果としての付加価値はほぼ変わらない。

つまり、「示唆」に続いて

「評価基準」はインテレクチャルリーダーシップの
センターピンなのです。

ということで、「評価基準」の正しい捉え方を丁寧に伝授させていただきます。

まずは、「評価基準」を立てるときの心得が6つ。

いやぁ、本当にこれを意識するだけで格段に変わりますよ。

だからじっくり書きます。

「3人の友だち＝上垣、阿部、進戸さんに求愛された。誰を選ぶか？」という具体例で説明するので、評価基準を立てる際の心持ちとTIPSを会得してください。

①「FACT→評価基準」ではなく「評価基準→FACT＋推測」。

- 　3人の友だちに求愛されて選ぶときも、3社の中からどこと提携するかを選ぶときも、この「罠」にハマっている人が殆どなので注意深く読んでもらいたい。

- 　今、手に入る情報を噛み締めて評価基準を作ってはならない。「FACT→評価基準」で考えてはならない。それは例えば目の前に3人の友だちがいて「今まではそういう気持ちで3人を見ておらず、今、得ている情報が不十分にも関わらず、手に入る情報の範囲内で評価基準を立ててしまう」ということだ。これは愚かだ。極端に言えば、3人の友だちの「声」と「ネイル」しか知らないから、評価基準を「声」と「ネイル」としているようなものだ。

- 　そうではなく、集まっている情報など関係なく「この基準で評価すべき？」を思考し評価基準を立てる。その上で、その評価基準で評価するために情報を取りに行く。なければ推測するという「評価基準→FACT＋推測」が大事なのだ。

②「目的／ゴール」は評価基準にならない。

- 　「3人の友だちのうち、誰をパートナーにすべきか？」を考える上で評価基準を立てるとき、評価基準を「誰が一番良いパートナになりそうか？」という目的基準にしてはならない。そんなことやらないよ！と思うかもしれないが、ハマる人が多い。

- 例えば、「甲事業と乙事業のどちらを残すべきか？」という
  ときに、「どちらが利益をあげそうか？」は目的を基準にして
  しまって意味がない。
- ではどうすべきか？については、次の③と④を見てほしい。

③評価基準のイメージは「サイコロ」。合言葉は「こっちから見
   るとこう見える。だが、あっちから見るとこうなってしまう」。

- 評価基準を立てる際、「目的イコール」にならない為に意識
  してほしいのが「評価基準とはサイコロ」ということ。
- 例えば、3人から求愛されたときに「ファッションセンス
  からすると阿部さん」「運動神経からすると上垣さん」「体形
  で言えば進戸さん」というように、「こっちから見るとこう見
  えるけど、あっちから見るとこうなってしまう」のが正しい
  評価基準。

④評価基準を立てたら「何をもって（それを測るわけ）？」。

- だから、合言葉として「何をもって（それを測るわけ）？」
  というのを覚えておくとよい。
- 例えば、3人から求愛されたときに基準として「いい旦那
  さんになること」という目的イコールの評価基準を立ててし
  まったら、この合言葉を叫ぶ。「何をもって、いい旦那さんに
  なるのか？」「何をもって、いい旦那さんであると定量的に測
  るのか？」と。これで自ずと進化できる。

⑤突き詰めると、「こっちの基準を重く見るならこっち。あっち
を重く見るならあっち」。

- なので、結果的に「評価基準」の重さ付け＝どの評価基準
を今の僕らの検討において一番大事だとするのか？と、論点
が小さくなるイメージだ。

- 例えば、3人から求愛されたときの話で言えば、要は
「ファッション、運動神経、体形のどこを大事にするのか？」
となる。

⑥評価基準の「信頼度」を高めるために、MECE／構造化を後付
けする。

- 評価基準を3つ、いや5つほどあげることができたら、説
明するときは「これが、あらゆる角度から見れる評価基準だ
よ」と相手に見えるように、評価基準を後付けでフレームワー
クなどで構造化してもよい。

つまり、マネージャーの立場でインテレクチャルリーダーシップ
を発揮するとしたら、会議室でこのようにインプットしてあげたら
いいのだ

目的自体が評価基準になってしまっているから、それを「何をもって評価するのか?」と、もう一度考えてみてよ。

評価結果がすべての基準で○となっているのは、むしろ危険信号だよ。
こっちの基準を重視すればこっちになる。
あっちの基準を重視すれば逆になる。
その上で、どちらの基準を重視すべきか?という思考を深めていきましょう。

評価基準はBESTなので、あとはそれっぽく「漏れがない」感を構造化して、フレームワークを後付けしておきましょう。

　以上、このような発言をバシバシっとミーティングでやれれば、あなたはヒーローだぜ！

17

ご馳走させてもらう

VS

ご馳走してあげる

「優しさ」のリーダーシップから
灰汁が出る瞬間。

　言葉遣いとして、どちらを日頃から使っているのかは1つのリトマス試験紙になります。

　「優しさ」のリーダーシップか。

　はたまた、インテレクチャルリーダーシップなのか。

　17番のテーマは「ご馳走させてもらう　VS　ご馳走してあげる」ですが、実はこれには、チームメンバーに限らずビジネス上の関係の中で絶対的な真実があるのです。

（役職上の）「下」は、「上」にご馳走してもらったとしても面倒くさい。いや、ご馳走しなくていいから。仲よしの友だちと行きたいです。

　この本音を理解しているかどうかで発言が変わるのだ。

　「ご馳走してあげるんだから」的な心持ちほど頓珍漢な感覚はなく、もうね、「優しさ」のリーダーシップどころか寒いだけ。

　一方で、「自然と」ご馳走できるタイミング（＝例えば、プロジェクトが無事終わったときなど）はそんなに訪れず、訪れたとしても「積極的に行きたいとは限らない」を理解していれば、それはインテレクチャルリーダーシップの思考だし、言葉としては

ご馳走させてもらえる機会をいただけて光栄です。

　この感じに近い捉え方をすべきなのである。

　僕がミャンマーに行った際に、タイ・ミャンマーで活躍する弟子の安田さんと、そのビジネスパートナーで僕が「ミャルコの神」（＝Netflixのドラマ『ナルコの神』に出てくるシーンとミャンマーが重なり）と呼ばせてもらっている安藤さんにも再三、これに通ずる言い方をいただきました。

カッコつけさせていただき恐縮です。

　まさに、ビジネスを理解し現場でゼロイチを開拓してきたお二人は当然のように、インテレクチャルリーダーシップの持ち主だったのだ。

　では最後に、皆さんへこの言葉を贈って締めましょうか。

そろそろ、偉そうに「ご馳走しますね」と言うステージから卒業しようぜ。昭和か！

18

地上戦
VS
空中戦

「打ち手」を考えるときの二項対立。

　「打ち手バカ」という言葉あるように、打ち手はそんなに大事ではありません。実は、打ち手の100倍は「課題」が大事なのです。だから、本書の20番と21番で「課題を科学する」前に、サクサクっと打ち手について語ってしまおうかと思います。

課題を健やかに出し切ったあと、
僕らは打ち手を考えることになる。

そのときに、打ち手の方向性を意識しておくとよいでしょう。
例えば、

課題が整理できたので、チームメンバーがそれに合わせた打ち手を12個あげてきました。どうですかね?

と言われたとします。
その時に役立つのが、この二項対立。

地上戦　VS　空中戦

明確にどちらがよいということもないのですが、この言葉を使うときは7：3で「地上戦」のほうがよい扱いになると思います。

なんか打ち手が「空中戦」ばかりだな。M&Aに広告にと。それもいいけど、もっと明日から手を打てる、地に足をつけた「地上戦」の方向でも打ち手を考えてみてよ。

　だからこんな感じで、ミーティングで「インテレクチャルリーダーシップ」を発揮すればいいのだ。

　ちなみに、何となくの語感で誰もが使っているので僕も正しい定義は知りませんが、次のように捉えています。

空中戦＝「爆弾を空から攻め落とす」的なので、大きなインパクトを生むような打ち手。

地上戦＝「兵隊が地上から攻め落とす」的なので、小さなインパクトをコツコツ生む打ち手。

　なお、空中戦は「飛び道具」とも言う。こちらのほうが一般的かもしれません。もちろん、意味の方向としては「空中戦」と同じです。

　そして、これはある意味誤解されている部分が多分にあると思いますが、

コンサルタントは「打ち手」を好む。

それも「派手な打ち手」＝地上戦よりも空中戦を好む。

　それは大いなる誤解で、コンサルタントは真逆中の真逆なのですよ。

コンサルタントは「地上戦」を好む。
地味に地道にFACTを集め、課題を丁寧に積み上げ、「凡庸にも思える」打ち手に落ち着く。

　そして実は、「空中戦」にはもう１つ意味があります。
　ミーティングが抽象的な話ばかりで「進んだような進んでないような」という膠着状態に陥ったおき、次のように使うのです。

空中戦しても仕方がないよ。

　あーやっぱり悪い場合に使うことが多いですね。
　ちなみに、人生で初めて「空中戦」について調べたら、正しい意味的には「言葉だけが飛び交う議論」のことを指すらしいです。ビジネスではそれが転じて、前に進まない議論全般に使われていますよね。
　だから、明日から叫ぼう。

「空中戦」じゃなく「地上戦」やろうぜ。

19

クイックヒット

VS

ホームラン

「打ち手」を考えるときの二項対立：2個目。

　「地上戦　VS　空中戦」に続き、打ち手を考えるときにさくさくっとよく使う二項対立を紹介したいと思います。つまり、二項対立の2個目。

> インパクトは大きくないが結果が出やすい
> 「クイックヒット」
> VS
> 結果は長期的だが、出たときのインパクトが大きい
> 「ホームラン」

　これも、打ち手の方向性について議論するときに使えますよね。

何だか打ち手が「ホームラン」狙いばかりだなぁ。
それもいいけど、明日にでも結果が出る
「クイックヒット」の方向でも打ち手を考えてみてよ。

こんな感じで使います。

あと、違う言い方でもっとカッコいい言い方もあります。

隗より始めよ。

何個か意味があるみたいですが、「小事、小さいことから始めなさい」の意味です。

王様から「国をよくするためにはどうしたらいいか?」と相談された、隗という男が言った。
「まず、僕 (=隗) を雇いなさい。」

まずはとりあえず、僕を雇うことから始めなさい。

「そういう小さなことから始めることが大事だ」という昔のお話でございます。

とりあえず私を雇うのが最大の打ち手ですよ。
地上戦の打ち手は私から始まる。

20 課題 VS 課題もどき

「打ち手」の話よりややこしい「課題」のお話。

「地上戦だ！クイックヒットだ！」と叫んでいればよい打ち手とは異なり、課題ってのは本当にやっかいな生き物。一方で、問題解決をする上で7対3、いや27対3（それは9対1だから）、いやいや

99対1で、「課題」のほうが「打ち手」よりも大事なのです。

タカマツボンの2冊目『フェルミ推定の技術』（黄色ボン）の時もそうでしたが、なぜかこういうのを教えるときって、「スポーツジム」がやりやすいんですよね。なんとなくピンっと来やすいのか。

ということで、次のお題はこれで行きましょう。

> クライアントは港区、渋谷区を中心にパーソナルジムを展開している業界2位の会社です。
> 都内で更に売り上げを伸ばすための施策を考えてください。

皆さんも、せっかくなので考えてみてください。

　可能であれば8つほど箇条書きで打ち込んでからスタートしていただくと、ピンっと来やすいかと思います。

　で、今回のテーマはこちら。

> **課題　VS　課題もどき**

　では、丁寧に行きましょう。

　例えば、今回のお題の課題を次のように思いついたとします。

店舗が港区、渋谷区のみのため、店舗が少ないのではないだろうか。

　こういうのを見たときに「課題ではなく、課題もどきなんじゃね？」と感じられるようになると、もう一段階、深く思考するきっかけとなります。

　これをどう捉えてほしいかというと、

FACTを「ネガティブに」課題っぽく表現しただけ。

　だから表現を変えて、

店舗が「港区、渋谷区の2エリアへの選択と集中」を実践しているのではないか。

　このように書けば、それこそ課題どころか「成功のカギ」みたいに聞こえてくるから不思議。

ですので、響きに甘えないことが本当に大事なのです。そこから
もう一段思考をして、「課題もどき」から「課題」にしてあげること
が大事な思考プロセスなのですよ。

　「課題」か「課題もどき」かを哲学したわけじゃなくて、この「課
題もどきを課題にする思考プロセス」を常に握りしめてほしいとい
うことです。

　ということで、先ほどの「課題もどき」を進化させてみましょう。

課題もどき

店舗が港区、渋谷区のみのため、店舗が少ないのではないか。

課題

　「儲かるエリア」は他にもあると薄々感じてはいるが、店舗
開発チームのメンバーが「港区、渋谷区」のパーソナルトレー
ニングジム出身のため土地勘がなく、最後の意思決定をする
投資会議で色々な言い訳をつけてリジェクトしているのでな
いか。

　あるいはこれ。

> ### 課題
>
> 　会社設立当初は「パーソナルトレーニングは一部のパリピだけ」という固定観念があったが、時とともに「パーソナルトレーニングは一般的なサービス」という市場環境に変わってきている。にも関わらず、その幻想にとらわれ続け「港区、渋谷区」に固執してしまっている。だから、他エリアの店舗展開が進んでいないのではないか。

　以上、これらが「課題もどき」からの進化のBEFORE/AFTERでございます。

　ある意味、最後は感覚的な話になってしまうので、事例的に覚えてしまい『自分、「課題もどき」になってないだろうか？』と自問するのが大事。

　では最後に、「課題もどきを課題にする」ための練習問題を出したいと思います。

> ### 課題もどき
>
> 　店舗開発、ひいては売上アップのドライバーとなる「パーソナルトレーナー」が足りないのではないか。

　これを「課題」にしてください。

　さあどうだ！

「パーソナルトレーニングジム」は一見すると、ジムやスタジオがあれば運営できる＝儲かる。だから、独立して自分が店長になったほうがもっと稼げると誤認してしまい、「独立するにしても3年はいたほうがいい」にも関わらず「1年で独立」となってしまった。

結果、トレーナー不足が発生してしまっているのではないか。

もちろん、これだけじゃない。

パーソナルトレーナーは「トレーナー」であると同時に「選手」であることを軽視し、彼ら・彼女ら自身のトレーニング環境も軽視して「通常の一般サラリーマン」と扱ってしまい、無駄にストレスを与えてしまった。だから、他のスポーツジムに転職しているのではないか。

以上、このような感じで進化させていくことが大事なのです。

だからまずは、

「課題もどき」になってるんちゃうん？

とつぶやく習慣をつけてくださいね。

それはいいんだけど、
「進化」のさせ方は教えてくれんの?

もちろん、後でちゃんとやります。
ご安心ください!

進化させるんだ!

構造的に

vs

何故

「WHY？を繰り返せ」
と5万回言われてきたけど。

　当然、「何故だ？」ってのは繰り返すけど、それだけだとやや思考がスパークしないので、「何故」とコンボするといい感じの「口癖」をさくっと紹介いたします。

「構造的に」考えてみると、
何故そんなことが起きているのか？

　例えば、先ほどのこれであれば、

課題もどき

　店舗開発、ひいては売上アップのドライバーとなる「パーソナルトレーナー」が足りないのではないか。

　「構造的に」考えてみると、何故「パーソナルトレーナーが足りない」なんてことが起きているのだろうか？と思考するのだ。
　「構造的」というのは仕組みとして、川が上から下に流れるかのように、何と言うか自然と悪い方向に行っちゃう理由って何？という

感じの使い方をしています。

　違う言い方をすれば、

そんなことやってたら、
誰がやってもそうなってまうやん。

　これを見つけ出すのが、「課題もどき」を「課題」にする思考プロセスとなる。

　ということで、ミーティングでチームメンバーが「課題もどき」を出そうとしてきたら、次のように発言しましょう。もうそれだけで、「インテレクチュアルリーダーシップ」の発揮となります。

これは課題と言えば課題だけど、「構造的に何故、そんな事態になっているのか?」を考えてみるとどうなる?

はいどうぞ 💚

構造的に何故そんな事態に
なっているのか考えたんか?

ん?

課題もどき

店舗開発、ひいては
売上アップのドライバーとなる
「パーソナルトレーナー」
が足りないのでないか。

115

22

原因は原因

VS

原因の真因

「真因」という言葉を使っている奴に
賢いヤツはいない、という説。

こんなスライドをお見掛けする度にBCG時代のジュニア時代を思い出し、何とも言えぬ気持ちになります。

真因と打ち手（まとめ）			
現象	**原因**	**真因**	**打ち手**
■■■■■■■■■	×××××××××××	■■■■■■■■	×××××××××××
■■■■■■■■	×××××××××××	■■■■■■■■	×××××××××××
×××××××××××	■■■■■■■■	×××××××××××	■■■■■■■■
×××××××××××	■■■■■■■■	×××××××××××	■■■■■■■■
■■■■■■■■	×××××××××××	■■■■■■■■	×××××××××××
■■■■■■■	×××××××××××	■■■■■■■■	×××××××××××
×××××××××××	■■■■■■■■	×××××××××××	■■■■■■■■
×××××××××××	■■■■■■■■	×××××××××××	■■■■■■■■

とにかく、「真因」というのが気持ち悪い。

それは何故でしょうか？

例えば、「ある歌手の声がうまく出ない」だとして、上の構造で考えてみると次の図のようになります。

仮に、ある歌手がこんな「現象」に陥っていたとします。

現象　　＝　声がうまく出ない

　→なぜ？

原因　　＝（　さあ、これを考えるぜ　）

　→なぜ？

真因　　＝（　　更に深めると　　　）

現象＝「声がうまく出ない」ということを踏まえて、それは何故だ？ということを考えることになる。それが「原因」となります。

そして更に「その原因が何故起きてしまったのか？」を考えることになり、それが「真因」となる。

例えば、次図のような感じになります。

仮に、ある歌手がこんな「現象」に陥っていたとします。

現象　　＝　声がうまく出ない

　→なぜ？

原因　　＝　喉が荒れている／痛い

　→なぜ？

真因　　＝　急性咽頭炎

うんうん、何だかすごくそれっぽいですよねぇ。

で、ここからが大事なのですが、次の図を見てほしい。

<u>仮に、ある歌手がこんな「現象」に陥っていたとします。</u>

現象　　＝　声がうまく出ない

⬇ なぜ？

原因　　＝　喉が荒れている／痛い

　　　　　　➡ 打ち手「のどぬーるスプレー」

⬇ なぜ？

真因　　＝　急性咽頭炎

　　　　　　➡ 打ち手「手術」

　例えば、この「声がうまく出ない」という現象に対して、解いている方が「打ち手はのどぬーるスプレーだ」としたいときは「原因」＝「真因」となり、真因は「喉が荒れている／痛い」となります。

　一方で、「打ち手は手術だ！」としたいときは「原因」≠「真因」となり、真因は「急性咽頭炎」となります。

　つまり、どういうことになってしまっているのだろうか？

「真因」とは、解いている人の「恣意的な」もの。それっぽく、これが「本当の原因＝真因だよ」と納得感を植え付けるためだけのもの。

　ということになるのです。

　だから、更に「何故？」を唱えて、「急性咽頭炎は何故起きたのか？」を考えて「寝不足だ」となり、打ち手を「枕を変える！」と

したいとなれば最初の２つは原因となり、あらたに真因は「寝不足だ」になってしまうということなのです。

「何故?」をどこまで繰り返すかも恣意的だし、原因も真因も同等のはずなのに、恣意的に上下関係を付けていることになる。

こんなに恣意的なものなら、「真因」という言葉はできるだけ避けたほうがいい。

仮に、チームメンバーに「真因まで掘り下げてね」という指示を出そうものなら、「恣意的」なのにあたかも「ここまで掘り下げたら真因となる」みたいな指示に聞こえてしまうため、チームメンバーは困ってしまうでしょう。困ってしまって当然なのだ。

そんな違うキャラじゃ
ないんだってば

「原因」と「真因」には、言葉ほどの差異はない。どちらも「原因」にすぎない。

いやぁ、本当の「打ち手」とは異なり「課題」は奥深いですよね。ということで、最後にまとめておきましょう。

①「これが課題だ！」と思ったらもう一段、「これが課題もどきだとすると？」と思考する習慣をつける。

②その上で「何故？」繰り返すわけだが、そこに「構造的に考えてみると」を付けると思考しやすくなる。

③原因と真因との区別は恣意的なので、まるで正しい答えがあるかのように「真因」を神秘的に扱わない。むしろ、「打ち手の裏返しで決めただけ」と思うべき。

以上です。

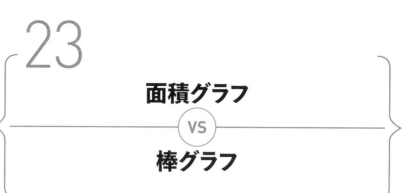

23

面積グラフ
VS
棒グラフ

「面積グラフ」は天使か、それとも悪魔か。

　コンサルタントという生き物はパワーポイント資料のことを
「パッケージ」やら「デック」やらと呼び、挙句のはてにはパワーポイント1枚のことを、

スライド

　と呼ぶほど、パワーポイント資料＝「戦場」だと思っている節があります。

うりゃー　おりゃー

パワーポイント資料は戦場だ！

　そして異常なこだわりを込めたりもする。
　そんな中で生まれたグラフがあります。
　それは面積グラフです。
　まずは実際にご覧いただこう。色々な感情が沸き立ってくるはずだ。

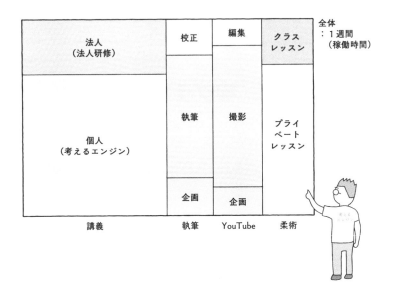

さて、面積グラフの特徴は次の3つでございます。

> ① 棒グラフは2軸が限界だが、「3軸」を平面に表現するという
>   偉業を出したグラフ。
> ② 直観的に「どの割合が多いか？」を認識することができる。
>   複数の棒グラフを「棒グラフ毎の合計の割合」で大きさを調
>   整したグラフ。
> ③ そして、見やすくもあり見にくくもあるグラフ。

　チームメンバーが持ってきた分析スライドを見つめて、「これだっ
たら、面積グラフにして表現したらどうかな？」などとインテレク
チャルリーダーシップを取ることが可能な審美なグラフ。
　しかし、僕の経験から申しますと

面積グラフだと、そんなに議論は盛り上がらない。でもパッケージの華にはなる。

だから乱用はご法度だし、乱用するくらいなら一生使わないと心に決めつけてほしい。

先回りして「なら何故、教えるんだよ？」という疑問に答えてしまいますが、1のスライドを描く上での「基本哲学」を心に刻むためでございます。

スライドライティングは、スライドの王者「Wordスライドと表」で表現しようとしたら「何かしら書きづらい点」があったときに、それを払拭するために他のスライドフォーマットを使うのが基本。

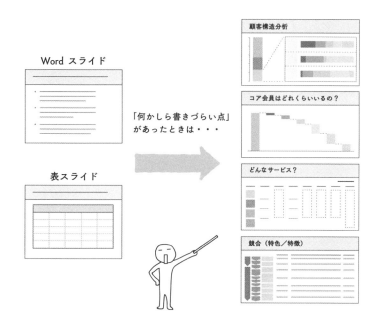

だから、スライドの書き方として［ツーパネ］とか［スリーパネ］を採用してはならないのです。

　あくまで、

　　Wordまたは表　→　他フォーマット

　これを忘れないでほしいのだ。

　それを「面積グラフ」を描こうとする度に思い出し、日々のスライドライティングに対する心持ちを改めてほしい。

　その意味での「面積グラフ」なのです。

　ということで、面積グラフは天使なのか？それとも悪魔なのか？という疑問ですが、そりゃあもうこうなりますよ。

面積グラフは、スライドライティング哲学を思い出すには「天使」だが、それを採用したら「悪魔」だ。わかりづらい。

　さぁ、ここから先はしばらく「パワーポイント、パッケージ、スライド」を通して、インテレクチャルリーダーシップの磨き方を学んでいただこう。

　大事な話が続くので集中するように！

24

まとめスライドは譲らない

vs

まとめスライドも譲る

「まとめスライド」はマネージャーの主戦場なり。

パワーポイント資料＝パッケージの中で最も大事なのがこの「まとめスライド」。僕は嫌いだけど、違う言い方をすれば「エグゼクティブサマリー」というやつでございます。

「まとめスライド」は、このパッケージで言いたいことをパワーポイント1枚にまとめたものです。だから通常は、「まとめスライド」のタイトルはこうなるはず。

本資料で申し上げたいこと。

このタイトルで始まり、ボディは、ビジネスでは「3つの塊で、全部で16行」が目安という感じでございます。

この「まとめスライド」がパッケージの中で一番大事であると同時に、違う観点で言えば

「まとめスライド」を書いてないマネージャーはマネージャーじゃないし、「まとめスライド」さえ書けていれば、インテレクチャルリーダーシップも発揮できている。

となる。

どんなに忙しくてもチームメンバーに書かせてはいけないし、MDがどんなにぐりぐりと出しゃばってきても、「赤ペン先生」はしてもらってもいいけど巻き取られてはいけません。

それほど大事なのが「まとめスライド」なのでございます。

死ぬ気で守れよ「まとめスライド」。

ということで、ここまでの内容を「まとめスライド」にしてみました。最高の参考資料としてご覧ください。

「優しさ」のリーダーシップに甘えない。
目指すは「インテレクチャルリーダーシップ」。

- 「鼓舞する、おだてる」「上下関係、過去の経験をベースにしたアドバイス」「仕事を巻き取る」といった時代錯誤の「優しさのリーダーシップ」に甘えず、次のステージ「インテレクチャルリーダーシップ」を発揮するマネージャーになろう。
  - ▷ 過去10年の経験、知識が使えない／非連続に変化するビジネス環境・労働環境（ホワイト化、副業、リモートワーク等）の中、「マネージャーである」という圧ではチームメンバー／部下はついてきてくれない。
  - ▷ 彼ら、彼女らのアウトプット生産性に貢献し、「あの人と議論するとアウトプットが進化する」と言われなければ、存在意義などなくなってしまう。

- 「インテレクチャルリーダーシップ」は後天的に身につけられるスキルであり、メンタリティに他ならない。もちろん、学びの軸は［ロ→サ→Ｔ→ス→作→ア］だ。

▷ ［ロ→サ→T→ス→作→ア］と聞いて、「はいはいはい、あれですね（にやり）」となれなかった方は、もう一度、前作の緑ボンを読み直そう。

▷ 「マネージャーとしてのスキル」を身につけてもらうのだが、それ以前に「チームメンバーとして、コンサルタントのしてのスキル／メンタリティ」を進化させなければならない。簡単に言えば「マネージャー＝（チームメンバーを）マネージする力」もだけど、まずは「マネージャー＝コンサルスキルも、チームメンバーの誰よりも磨かれ3倍の付加価値を出せる」ことが必要なのだ。

● マネージャーとして特に「インテレクチャルリーダーシップ」を発揮するべきは、［論点ワードで勝負］［TASK設計にHOWのインサイトを入れる］［TASK設計だけでなくケース設計（含む、モジュール設計）］の3つ。

▷ その上で、「打ち手」もだが、特に「課題／原因」にもそれぞれインテレクチャルリーダーシップを発揮する頭の使い方が存在する。

以上、こんな感じでバシっと「まとめスライド」を書ければ、あなたは立派な「インテレクチャルリーダーシップ」を体現できるマネージャーなのだ！

25

「最初に」「何も見ずに」書き切る

VS

「最後に」「何かを見ながら」書き切る

「まとめスライド」という名前に騙されてはいけない。

「まとめスライド」と聞くと「まとめ＝サマリー」なので騙されてしまう人が多いのですが、最後に書くものではありません。

書くのは「最初も最初」。
パワーポイント資料が何もないときに、
最初にこの「まとめスライド」から書くのです。

だからパワーポイント資料で言えば、思考としては次のようになります。

本パッケージのメッセージを補完・サポートするために、どんなスライドを作ればいいのか?であり、決して「出来上がったパワーポイント資料をどうまとめればいいのか?」ではない。

ご注意くださいませ。

なお、この辺の話は前作緑ボンの032番（P122, 123）あたりでも詳細に書いておりますので、ぜひ読み直してみてくださいね！

26

1+3+9枚

VS

果てしない数のスライド枚数

パッケージの基本は「1+3+9」。

　「スライドをパッケージしたもの」という意味だからなのかもしれませんが、コンサルタントはパワーポイント資料のことを「パッケージ」と呼んでおります。そしてそのパッケージには、スライドの単なる羅列ではなく、基本となる構造がある。

　それが、「1＋3＋9」です。

---

1 =「まとめスライド」。

3 =「まとめスライド」の3つの塊（ブレッドポイント）をそれぞれ説明したスライドで、合計3枚（ブレットポイント毎の「まとめスライド」）。

9 = 3つの塊（ブレッドポイント毎の「まとめスライド」）を補足するスライドに対して、3枚ずつ。

　これが基本となります。

　ちなみにですが、この13枚に「表紙」「本プロジェクトで検討すべき論点」「スケジュール」などを入れて、それでも20枚以内にするのがBESTでございます。

27

アペンディックスは「甘え」

vs

アペンディックスは「用心」

Nice to haveとアペンディックスは
同じ成分でできている。

「Nice to have ！」という、マネージャーとして便利な言葉があります。

Nice to have!＝あったらいい!

そう、「必要だとは言いきれないから、とりあえず時間があるならやってください。作ってください」という、「甘え」が生まれ変わったかのようなお言葉でございます。

そして、この言葉は前作の緑ボンで既に撲滅したはず。

しかしながら、「甘え」は色々な場面で形を変えて現れます。

特に現れるのが、クライアントとのミーティングで唯一の武器であり盾にもなるパワーポイント資料。そこに甘えが出る。

そう、それが「本編よりも3倍は厚い、時には100ページを超えてくる」という、その名も

APPENDIX。
アペンディックス。
補足資料。

なのだ。

これはまさに甘えであり、思考の放棄となります。

　クライアントとディスカッションする為に必要だから、本編に組み込まれているものは最高に思考が詰まっている。けどさ、必要ないのに、いやもっと言えば「何となく」本編に組み込まれていたら、もうそれはクライアントに失礼にあたる「思考放棄」だよね。思考して、本編かアペンディックスか、はたまた処分かを思考しないと。

　そして、もう1つの「甘え」でもあるこちら。

チームメンバーが丹精込めて作ったポンコツスライドに対して、「これは要らないね」と言えない甘え。そして、それを作らせてしまったことを反省しない甘え。

　これに対しては、「用心」という言葉を軸に「作らない・作らせない」という勇気を持ちましょう。その勇気こそが、最高の「20枚」のパッケージを作ることにつながるのですよ。

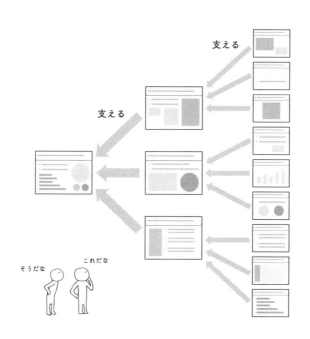

28

キラースライド

VS

単なるスライド

キラースライドってネーミングが最高ですよ。

　ということで、パワーポイント的な話も一先ずこれで最後になります。

　僕はコンサルタントとしてもビジネスパーソンとしてもスライドを量産してきました。皆さんも本当に腐るほどスライドを作ってきたと思います。それもリモートワークが全盛でなかった時代であれば、それを「印刷しまくって」きたわけだから、本当に何とも言えない気持ちになるでしょう。

　しかしながら、その大量のスライドの中にきらりと光るスライドもある。

　それをコンサルタントはいつも通り、格好をつけてこう呼びます。

キラースライド。

　コンサルタントは基本ダサいし、こういうネーミングを生み出すのか海外ファームから輸入してくるのかは不明だけど、セクシーな言い回しがたまにありますよね。これもその1つ。

　僕も「キラースライド」という言葉の響きが大好きだし、チームメンバーを褒めるときには

これはキラースライドだわ。
やるじゃん。

　などと使っていたし、自分がチームメンバーだったときは常に
戦っていたよね。

本編のパッケージに何枚、自分のスライドが残るのか?
キラースライドを何枚生み出せるのか?
そんな戦いだ。

　ということで、プラクティカル=明日から使えるのがモットーな
僕らしく「とりあえず、これを書いておけばキラースライドになる
よ」ってのを箇条書きで、そのパターンを書いておきましょう。
　もっとも簡単な「キラースライドの作り方」から行きますね。
　それはこれだ!

①「生ネタ」のインタビュースライド
　　コンサルプロジェクトで最も尊いのが「こんな人に話を聞
　けたの?」というインタビューだ。その内容を「生っぽく」
　現場感をそのままダイレクトに伝えるスライドこそ、もっと
　も簡単なキースライドだと思う。頭で作るというより「足で
　稼ぐ」感もあるので、ここで最初は勝負。
　　だから、マネージャー目線で言えば、いかにTASK設計の
　中にこれを組み込み、いかに「こんな人に話聞けたの?」を
　実現するかに、HOWのインサイトを発揮するのだ。

②「未知の数字」の推定スライド

　未知の数字を示されたら、そりゃークライアントは「わぁ、なるほど！」となってくださる。「あるマーケットサイズは5年後にどうなる？」など、いわゆるフェルミ推定の技術を駆使して算出するもの。未来の数字を示されたら、そりゃ最高だろう。しかし「生ネタ」とは異なり、その算出ロジックが熟してなければ、キラースライドどころかこちら側が殺されかねないので丁寧にやらねばならない。いつも以上に議論を重ねる必要もある。

③「紙しかない」データの分析スライド

　この嗅覚は非常に大事なのだが、「ぱっとデータで連携しますね、Excelで！」というようなデータを分析したところで、キラースライドにはならない。そんなに甘くない。だって、そんなことは既にクライアントも100万回はしているから。もうね、キラースライドを作るには扱うデータを変えるしかない。「紙でしか管理していない」アンケート用紙の分析や、僕も一度やったことあるのだが、海外の新聞の3か月分の「3行広告」の分析とか。こういうのは刺さる。

④「煩雑な」ルールの解読スライド

　人が感動するのは「まじ、そんなことまでしてくれたの？」というやつだよね。それも七面倒くさいことをコツコツ紐解いた結果を示されたら、必ずテンションが上がる。その真骨頂が「海外の規則、法律を一つ一つ解読し、日本のそれとどう違うのかをまとめたスライド」や「日本の新しいルール／

法律の策定に向けて、有識者が議論している政府発表資料・議事録をつぶさに追いかけて、その法則性をまとめたスライド」なども刺さりに刺さる。

そうなのだ。①〜④で見て取れるように、「現場」にキラースライドの種、ネタは落ちているのだ。だからこそマネージャーとしてTASK設計時点でキラースライドを狙っておかないと、偶然に頼るしかなくなる。

⑤「今後の検討のルール」となるパターンを示すスライド

これは①〜④とは異なり「いいものを仕入れたので、この鮨おいしいでっせ」というわけにはいかず、圧倒的な現場のネタに触れ、思考に思考を重ねた上で、要するに「今検討しているものは、ざっくり、この4パターンに集束しますね」と言い放つキラースライド。例えば、建設機器メーカーの新規事業を検討するプロジェクトで3週間ほど色々なアイデアを出したあとに、「〇〇社が目指す新規事業の作り方のパターン」と整理しきってしまうスライドとか。

これは相当レベルが高いので、そう簡単には繰り出せない。

以上、「キラースライドの作り方」とは言いましたが、マネージャーとしては

キラースライドを運に任せず、定常的に作るTASK設計のヒント。

という感じですので、ぜひともやってみてくださいませ。

というわけで、この28番を持ちまして「マネージャー1年目」を終わります。

そんな風におだてたくなるほど、皆さんの中には「優しさ」のリーダーシップではなく「インテレクチャルリーダーシップ」が芽生えているはず。磨かれてきているはず。

もちろん、まだまだ学ぶべきことはありますが、ここまでできたらもう安心してください。もう健やかに読み進められますから。

それと最後に、あと1つだけアドバイスさせてほしい。

マネージャー経験を重ねれば重ねるほど「優しさ」のリーダーシップに甘えたくなるし、いつのまにか毒されてしまうものです。

コンサルティングファームには「面倒だなぁ」という感情が別の形で現れたようなMDがいるので、勝手にイライラとともに気付かされますが、事業会社の場合、コンサルティングファームに比べると「上下関係」ヒエラルキーが根付いているので、やもするといつのまにか「優しさ」のリーダーシップに甘えられます。

でもそれ、間違いなく陰でこう思われてますからね。

あの人、"付加価値" 出してねーじゃん。

はい、1年目はこれで終わり！
どうもお疲れさまでした！

マネージャー**2**年目

＝クライアントへ自分を売り込む

振り返ってみると、マネージャー1年目はある意味「チームメン
バー」としてのコンサルタント3年目の延長線上＝4年目のよう
だったなと思う。そして、ただただ次のWG（ワーキング。クライ
アントミーティングの意味）に持っていくパッケージ（パワーポイ
ント資料）を作ることに必死だった。

　もちろん、その期間にチームの構成上、僕のチームメンバーとし
て働いてくれたメンバーには感謝しかないし、「マネージャー」とし
て未熟な自分に忌憚ないインプットをくれました。

- **「週2徹夜、土日全ツッパで働くことを前提にワーク
  プラン作るのやめてくださいよ」と言ってくれた福田
  さん。**
- **「数字にまったく興味を示さない、数字に弱いん
  じゃなく数字に興味がないって、そこはどうにかして
  ほしい」と言ってくれた梶さん。**

　いやほんとに未熟だったけど、振り返ればチームメンバーのおか
げで健やかに「2年目」を迎えることができた。でも、当時はそん

な殊勝な気持ちはよくて3割程度だったと思います。

1年目の終わりには「昇進させてくれ。プリンシパルになる準備として、プロジェクト2本やりたい」って杉田さんに直訴してたわ。

でもそこはBCG。

天狗の鼻をちゃんとへし折ってくれる。2年目は2年目で、「違う」チャレンジを自然とさせてくれるのがBCGという大好きな会社であり、コンサルティングファームというものなのです。

だから、ここからの「マネージャー2年目」では、延長線上としての成長から「新たに挑戦する時期に学んだこと」を丁寧に書かせていただいております。

いやぁ、マネージャー2年目も濃いよ。

皆さん、お楽しみに！

29

1に「パッケージ」

VS

1に「メンバー育成」

まだマネージャー仕事も緒についたばかり。

今日からマネージャー2年目とはいえ、まだまだ未熟です。

ですので、まずは目の前のプロジェクトに没頭する。クライアントに付加価値を出すことに邁進する時期だと思ってください。そして、2年目を通じて「インテレクチャルリーダーシップ」を発揮し、その先の世界までお連れしたい一心でございます。

会社名とかプロジェクトとか、そういうのを抜きして

クライアントへ自分を売り込む。
「個」として感謝されるほどの
インテレクチャルリーダーシップを発揮する。

そんな世界にまでに行けたら、ビジネスライフも健やかになりますよね。

でも、今の立ち位置はマネージャーとして駆け出しです。僕もBCGのマネージャーとして駆け出しのころ、次のような言葉を好きでもないMDから言われましたよ。

> 1にパッケージ。
> 2にパッケージ。
> 3,4はなくて、
> 5にパッケージ。

パッケージとは「パワーポイント資料」のことを指します。

で、そんなに好きでもないMDはそこまで深く考えて言ったわけじゃないと思いますが、崇高なる意味が込められているなぁと思っております。

これはタカマツボン6冊目の『「暗記する」戦略思考』（水色ボン）にも書いた頭の使い方ですし、本書でも使っているVS思考を使うとより理解を深められるのですが、「1にパッケージ、2にパッケージ、3,4はなくて、5にパッケージ！」と聞いた時に、

○○じゃなくてパッケージなのさ。

と頭を巡らせてほしいのだ。

そうしないと、この言葉も短絡的に「クライアントに提供するパッケージ資料をちゃんと作れることが大事ですからね」くらいにしか捉えられないからね。

つまりこの言葉をどう解釈すればいいのかというと、

> 1に、「ハードワークにならないことを気にする」
> よりパッケージ。
>
> 2に、「チームメンバーに嫌われることを気にす
> る」よりパッケージ。
>
> 3,4はなくて、
>
> 5に、「チームメンバーを育てることを気にする」
> よりパッケージ。

　これ。あらためて当時を振り返っても、こうだったなぁと思っております。
　一言で言えば、マネージャーとしてよちよち歩きをしている時期なのだから、チームメンバーのことを気にするなんて百年早いということだ。

　まずは「インテレクチャルリーダー」を発揮できるようになってからということなのです。

　さすがに、事業会社ではここまで振り切れないと思いますが、「えらい高い」フィーをもらっているコンサルティングファームとしては、そのくらいしてほしいとクライアントは思っているし、そのくらいのことをしないと始まらない。
　これは時代とか関係なく真意だと思うし、もし時代の影響を受けるとしたら、フィーが下がってきてからでしょう。

　この話をするときに必ず思い出すのが、人生で最初の師匠である「ウイニング受験英語　加藤昭先生」だ。英語の師匠という意味ではなく、「人生／ビジネスの師匠」です。

　その先生のお言葉がこちら。

力なき優しさは罪。

まさに、「優しさ」のリーダーシップではなく「インテレクチャルリーダーシップ」だという話に通じますよね。

　チームメンバーに対して「優しさ」でマネージしたところで付加価値は当然出ず、クライアントからも距離を取られ信頼もされず、「業者扱い」が極まり雑務が増え、チームメンバーも疲弊し、そのチームメンバーの1人が辞めることを決意する。

　そんなことが起きてしまうのだ。

力なき優しさは罪。

ビジネスの世界では、「優しさ」のリーダーシップは罪なのです。

「インテレクチャルリーダーシップ」で自分も含めて皆を健やかに。

　ということで、「マネージャー2年目」もあと26個のVS形式で色々と伝授して行きたいと思います！

マネージャー2年目　＝「クライアントへ自分を売り込む」

30

「3つ目」を言う
vs
思いついた「1つ目」を言う

「中学3年」からずっと続けていること
を1つ教えます。

　学生時代から意識していることで、今も活きている、特にコンサル時代に活きたなぁと思う習慣が1つだけあります。

　それがこれ。

「最初に思いついたこと」は絶対に言わない。
それは誰でも思いつくことだから。
その先の「3つ目」を言う努力。

　この何とも中学生っぽい思考／習慣が、「FACTから示唆を述べるとき」や「誰かから意見を求められたとき」などに、圧倒的に活きています。

　皆さんもぜひとも真似てみてほしい。これはダイレクトに、「インテレクチャルリーダーシップ」を磨くことにつながります。

　この話は、実はタカマツボン『答えのないゲームを楽しむ 思考技術』の第2章でも話しています。ファクトを見つけて示唆を出すときの口癖を3つほど紹介したのですが、それがこちらです。

> ① 「見たままですが」
> ② 「(その FACT から) 何が言えるんだっけ?」
> ③ 「それは何人中、何人?」

示唆も日頃の発言も変わりませんよね。

最初に思いついたことを「それは何人中、何人?」と考えると、100人中95人は言いそうに思えてくるからきっと面白くない。

2番目に思いついたことは「100人中50人くらいか」となり、もういっちょ踏ん張って、思考を巡らせて出てきた3番目を言う。

このプロセスをルール化するだけで、頭を使うことをさぼらずに済みます。

ある意味、「いいことを言ってやるぜ」という思考が「攻め」のインテレクチャルリーダーシップだとすれば、① 「見たままですが」は守りのインテレクチャルリーダーシップだとも言えるでしょう。

チームメンバーにしてもクライアントにしても、「そんなこと、あなたに言われなくても浮かんでますがな」と思われた瞬間、ポンコツの疑念が浮上する。これが3回も続けば、

この人は、インテレクチャルというよりは仕事量、チャーム、コネとかで昇進したんだろうな。

と思われてしまいます。そのイメージを払拭するのはとてつもなく大変だ。

なので、最低限の「守り」として

「当たり前なこと」を言うときは必ず、「今から言うことは当たり前ですよ」と理解させる枕詞を付けて話す習慣をつけましょう。

　本当にこの習慣は上辺として「守ってくれる」と同時に、本質的には「見たままですが」ということが「思考のスウィッチ」となる。そして最も寒いであろう、

　「当たり前なこと」を言っていることにも気付かない

　という状態になることを避け、もう一度、思考を回すスウィッチとなる点が最高なのです。

　つまり結論としては、

インテレクチャルリーダーシップは「3番目に思いついたことを言う」で攻め、「見たままですが」で守る。

　ということですよ。

　では、最後に練習して終わりにしましょうか。

　緑ボンを担当したソシムの天才編集長であるあなたは、インタビューでこう質問されました。
　『コンサルが「最初の3年間」で学ぶコト』が4か月で10万部を突破するほど売れたのは何故ですか？

　各自色々あると思いますが、僕がぱっと思い浮かんだのは、まずこの2つ。

> 1つ目：「緑色で大きく描かれた3」という表紙が目につきやすかった。
> 2つ目：その直前の12月に出版されたタカマツボン『答えのないゲームを楽しむ思考技術』がスマッシュヒットし、その読者が緑ボンも購入してくれて勢いがついた。

でも、この段階では何も言わない。

言うのをグッと我慢して、3つ目を考えるのです。

3つ目：丸善丸の内、ビジネス書売り場の切れ者「松本さん」が実際に読んで気に入ってくれて、他の書店がその陳列状況を見て動向を探るとも言われる丸善丸の内で異例の大展開。それが1か月以上も続いたため、他の書店もその流れに乗ってくれたから。

「3つ目」は強引に言う習慣ですし、もしポンコツなことしか浮かばなかったら枕詞を駆使して話し始めればいい。

「当たり前だけど、中身も見た目も今の読者に刺さったんだろうね。で、それは何故かとあらためて考えてみると、」などと時間を稼ぎつつ、思考を深めればいいのです。

インテレクチャルリーダーシップは基本「攻め」だけど、「守り」も覚えておくと心理的安全性を買えるよ。

以上、ここでは「話し方についての話」をしたので、次はいくつか連続して「プレゼンについての話」をしていきますよ。

31

まずは読んでください

VS

書いてあることを読みあげる

最強だと思う「プレゼン」
＝まず相手に読ませる。

僕の師の1人である元BCG日本代表の「杉田さん」とケースをご一緒したときに間近で見て、本当に感動した。

それは何かというと、役員を目の前にしておもむろに杉田さんがこう言ったのです。

読むほうが早いので、まず「まとめスライド」を皆さん読んでください。

本当に感動したのよね。これぞ「インテレクチャルリーダーシップ」の鬼であり、無駄なことはしない、「優しさ」の欠片もない？杉田さんの真骨頂だよね。

このプレゼンスタイルが素晴らしい理由は、次の5つでございます。

①「ただただ、書いてあることを読んだだけだろ」を避ける。
ほとんどのプレゼンは「書いてあることを読む」ことから始まります。書いてないことを話すにしても、まずは書いて

あることを理解してもらわないと始まらないから。でも当然、「読み聞かせ」よりも「自分で読んだ」方が3倍は早いよね。更に、相手がえらい人であればあるほど彼ら（彼女ら）はせっかちだから、プレゼンなど聞かずページをめくりどんどん先に行ってしまいます。

そんな中、まさかの「書いてあることを話す」という姿を見せようものなら、必ず「こいつ、使えないじゃん」と思われる。先ほどの「見たままですが」「あたり前だけど」に通ずる哲学ですよね。ほんと筋が悪い。
だから「読ませてしまうが勝ち」なのだ。

②「まずは黙って読ませる」ことで、相手に浮かんだ「疑問」に答える形で進められる。だから盛り上がる。
　皆さんも経験あるはず。説明してどんどんページは進むけど、説明しながら思う。「理解してくれている？」「面白いと思ってくれている？」と。

　でも、説明せずにいきなり次の言葉から始められるから、その心配がない。「読んでもらって理解できたと思いますが、質問などありますか？」とね。これが最高なのだ。
　もちろん、その前に「軽く」説明してもかまわないですが、相手を「前のめりに」させることができるよね。

③そして、「黙って読んで理解してもらう」ことを前提としているので、アウトプットの質が自然と上がる。何故ならプレゼンでごまかせないから。

プレゼンが天才的であればあるほど、『アウトプットである「資料」をおろそかにして、書いてないことばかりをしゃべり、盛り上がりはするけど後でふり返れず、結果、前に進まない』なんてことが起きかねません。

　でも、「勝手にクライアントに理解していただく」が前提になるのなら資料のロジックを丁寧にするし、グラフなどの説明書きも「サルでもわかる」スライドを目指す。
　こういう効果もあるのです。

④そして、「読まずして」質問してくる輩も排除できる。
　得てして、偉い人とか斜に構えている人はろくすっぽ読まずに質問してくる。それも先に書いてあることを質問してきたりするよね。なので、読んでもらっちゃうことは本当に大事。そうすると、プレゼン／議論を乱す人を押さえつける効果もあるのです。

⑤きっちり「まとめスライド」を書くよね。だって、この1枚から「黙って読め」が始まるのだから。
　もちろん自分でも見直すけど、「読んだらわかる」まで磨き込んだ自信がないと、このプレゼンスタイルは選べないからね。その緊張感から、質は当然のことながら上がります。

　以上です。

今日から流行らせようぜ、このスタイル。

圧倒的に「質」が上がるのだから。

とりあえず読んでください。

杉田さん、まじ神やな

① ただただ、書いてあることを〜

② まずは黙って読ませることで〜

③ 黙って読んで理解してもらうこと〜

④ 読まずして質問してくる輩も〜

⑤ だって、この1枚から始まるのだから!

考えるエンジン

「語らせる」プレゼン
VS
「説明する」プレゼン

「プレゼン」は何のためにあるのだろうか?

基本的には「上」に向かってプレゼンすることになりますよね。

コンサルタントであればクライアントだし、事業会社であればクライアントや上司／役員にプレゼンをすることになりますよね。

その時に、皆さんは何を意識しているのだろうか?

もちろん、ぼやっとでもいいから「理解してもらうこと」でしょう。でももう一段、その認識を進化させるだけでプレゼンの質は上がるし、そもそもの「パワーポイント資料」の質も上がります。

それは何かと言うと、会議が終わったあと誰かに嬉々として

ねぇ社長、面白いことがわかったんですよ。
この市場のポイントってここだったんですよ!

などと語らせる。

もちろん、手持ち資料なんてなくても嬉々として語らせる。

そのために、僕らはプレゼンをするのだ。

これが本当に大事なことなんです。

コンサルタントが語るより、クライアントが自ら語る方が刺さる。

事業会社で言えば、自分では届かない「重厚長大な」役員陣に届かせてくれるのは、「自分の上司」以外にはない。だからこそ、プレゼンの論点はこれになるのです。

手持ち資料なんてなくても、いかに語ってもらえるか。

もちろん、その為には「まとめスライド」をきっちり練り込み、「まずは黙って読んでください」とプレゼンを開始して、キーメッセージをちゃんと理解させる。自分で語りやすく、それを聞く相手にもインパクトを与えることができるプレゼン。

そう、「数字」を暗記させるプレゼンが大事なのだ。

僕が運営している「考えるエンジンちゃんねる」に出演してもらったことがあり、「考えるエンジン講座」の生徒／弟子でもあるアダコテック社長の「河邑さん」がICCでチャンピオンになった際のプレゼンは、最高に「数字」を暗記させるプレゼンでした。

「審査員」「観客」の頭に残ってほしい数字は何か？をちゃんと思考に組み込こんだプレゼン。

14万人、14年、3兆円、33兆円など。

これは、「検査工程の就業人数、研究期間、国内のマーケット規模、グローバルのマーケット規模」の数字なのですが、この「33兆円」という数字は強烈に覚えておりました。

いや、河邑さんに覚えさせられておりました。

仮に、このプレゼンを見た中に自動車業界の方などがいたら、

14万人も検査工程を担う人がいるんだってさ。14年も研究していて、国内マーケットだけでも3兆円。グローバルだったら33兆円なんだってさ！

と、まぁこんな感じで。

「検査」を担う偉い人に会ったらアイスブレークがてら、嬉々として話してくれることでしょう。そうやって無限の連鎖が起こり、ビジネスが広がっていくことになるのです。

僕も今では「考えるエンジンちゃんねる」で陽気に話をさせていただいておりますが、コンサル時代は杉田さんから、

お前のプレゼンは資料の価値を目減りさせている。

などと可愛がっていただいたものです。

ほんと、プレゼンはスキルですよ。だからぜひとも磨いてほしい。
例えば、本書30〜32番の内容をプレゼンするとしたら、ポイントは次の3つだよね。

①「当たり前」のことは言わない。
②「黙ってまず読んでください」は最良のスタートを生む。
③「語らせる」。聞いてくれた皆さんが「他で」いかに語りたくなるかが論点。

　この3つを忘れずに、あなたのプレゼンスキルを磨いてみてください。

　とは言え、「インテレクチャルリーダーシップ」を発揮するためのトレーニングの順番としては、

> **何を言うか？ → どう言うか？**

　この順番ですので、そこはお気を付けくださいませ。

ペラペラ喋る奴は中身もペラペラ。

　こんな定説もあるくらいですから、頭の使い方を磨きつつ「マイナス」目減りをさせないくらいに、あなたのプレゼンスキルを磨きましょう！

33

言葉のセンシティビティ

VS

語彙力

言葉のセンシティビティを上げるための近道。

　思考力を増やすのに手っ取り早いのは、言葉に強くなること。考えるということは自分の頭にある言葉を紡ぐことでもあるから、「言葉」に強くなることは本当に大事なのです。

　このことをざっくりと「文系の因数分解」してみると、次のようになる。

「(言葉の) センシティビティを上げる」

×

「語彙力を上げる」

　33番のテーマは「言葉のセンシティビティ　VS　語彙力」ですが、実は両方とも大切なのです。

　「語彙力」の話は前作緑ボンの082番 (P283, 284) で散々触れましたし、このテーマはそれだけで本1冊分は書けるだけの楽しいネタが沢山あるので、またの機会ということにさせてください。

　今回は、「センシティビティを上げる」についての話をサラッとしようかと思います。

　実は、「言葉」のセンシティビティの低下こそが

議論のズレ、炎上を生む。

例えば、次のような会話を想像してみてください。

言葉のセンシティビティをベースにした思考の深め方、の例でございます。

> **タカマツ**
>
> 　恵比寿で人気の「魚見茶寮」のオーナーが作った2号店、渋谷の「うゆう」さん。
>
> 　そこで女性の友だちと呑んでいると、お酒も進んだ後半戦におもむろに質問が飛んできた。
>
> 　「彼氏を作るにはどうしたらいい？」
>
> （正直、そんなこと僕に聞く？と思いながら、こう答えた）
>
> 　なるほど、「男性にモテたい」ではなく「彼氏を作りたい」か。もう少し言えば、「誰でもいいから彼氏を作りたい」ではなく「自分の基準以上の彼氏を作りたい」ということだよね。
>
> 　男性にモテたいのであれば、例えばショートカットにして金髪ぎみにして、少し筋肉質になるなど「見た目」を磨くのが手っ取り早い気がするけど。
>
> 　でも今回は「自分の基準以上の彼氏を作りたい」だから、まずはその基準を明確にすることから始めようか。で、どんな男性が好きなの？ てか、それだと緩いから、過去の男性はどんな人だったか、彼氏になりそうだった男性も含めて直近の5人教えてよ！

今回は「ズレていないパターン」にしましたが、得てして「彼氏
を作りたい」と言っているのに「男性にモテたい」について考えて
しまうという罠にハマりがち。活字にしてしまうと「そんなことあ
るわけないだろ！」となってしまうかもしれませんが、本当にこう
いうズレが多いんです。

彼氏を作りたい　VS　男性にモテたい

この論点のズレは怖いですからね。

ではもう1つ、こちらも読んでみてください。

クライアントは港区、渋谷区を中心にパーソナルジムを展
開している業界2位の会社です。

　店舗開発に力を入れ丁寧に売り上げを伸ばしてきましたが、
ここ最近、競合の出現により伸び悩んでいる。そこで社長か
ら、「成長路線に再び回帰するためには、どうしたらよいか？」
と相談を受けました。

　皆さんならどういう打ち手を考えますか？

今回は「どう解くのか？」という戦略思考の話ではないので、そ
の辺りについてはタカマツボン6冊目、水色ボンと呼ばれる『「暗記

する」戦略思考』をお読みくださいませ。

　で、今回のテーマは「言葉のセンシティビティを上げる」なので、今から説明する話を認識して解いてみてほしい。

成長　VS　成長路線　VS　再び成長路線

　この違いを感じられるかどうかが、思考を深くするための第一歩でもあります。

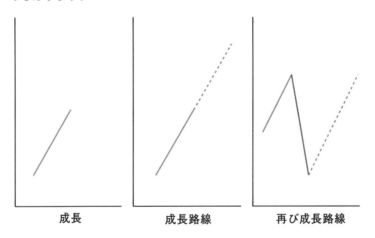

| 成長 | 成長路線 | 再び成長路線 |

違いを感じ取らんと
ダメなんやね

　このことを意識しつつ、先ほどのクライアントからの話にどう答えるのか？について書いてみますね。

　　クライアントは港区、渋谷区を中心にパーソナルジムを展開している業界2位の会社です。
　　店舗開発に力を入れ丁寧に売り上げを伸ばしてきましたが、

ここ最近、競合の出現により伸び悩んでいる。そこで社長から、「成長路線に再び回帰するために、どうしたらよいか？」と相談を受けました。

　皆さんならどういう打ち手を考えますか？

　なるほど。「成長」ではなく「成長路線」ですから、それは「点」ではなく「線」となります。つまり、一過性の空中戦を仕掛けて一時の成長をもぎ取るのではなく、継続的に、いわば地上戦をして自然と成長していく仕掛け、仕組み、まさにレールを作って行きたいということですね。

　そして、「成長路線」ではなく「再び成長路線」ですから、「あの時代はよかった」という古き良き経験がある中でそれを超える成長ですから、更に難易度は高いでしょう。過去の栄光をよい意味で捨て、ビジネスモデル含めて再度見直す必要があるかもしれませんからね。

　こういう感じで話すだけでも、クライアントの社長の頭はかなりすっきりしてくるはず。これが、僕の思い描く「インテレクチャルリーダーシップ」の形であり、その先に「クライアントへ自分を売り込む」があるのです。

「言葉」のセンシティビティは
インテレクチャルリーダーシップに通ず。

34

大いなるインプット
VS
ホチキスパッケージ

「ホチキスパッケージ」って、皆さんはご存じですか？

　ここからは少し、「マネージャーの矜持」的な話をしていきたいと思います。

　コンサルティングファームに入り、アソシエイトから始まり、シニアアソシエイトを挟んでコンサルタントに昇進。やっと「コンサルタント」と名乗ってよいということか？と思いつつ、役職としてのコンサルタントからシニアコンサルタントを経て、やっとなれましたマネージャー！　そして、チームメンバーを1名、2名、3名抱えてチームを引っ張る身分。

　必然的に、

僕はケースリーダーになった！
これで、Excelシートの分析からも事例調査からも解放されるのだぁあああ！

　と叫ぶ。叫びたいし、僕もそう思った。

　しかし、これが最大の間違いなのだ。

　本当に間違いだ。

　その間違いの最たる例がこれ。

ホチキスパッケージ。

　ホチキスパッケージとは、チームメンバーが作ってきたスライド
に表紙・中表紙を付けて、「ホチキス」で止めて資料としたものを
指す。
　そしてこれぞ、これこそが、

マネージャーの矜持として
愚の骨頂である。

気持ちはわかる。わかるがダメなのだ。

事例調査は「誰が目を通すか？」により、どこを面白いと思うか？示唆をどう取るか？も大きく異なります。

だから任せちゃダメなんだよ。

Excel分析は「どんな軸取りをするのか？」により、示唆が出るかどうかが異なる。

だから任せちゃダメなんだってば。

その結果であるスライド１枚も、スライドの集合体のパッケージも当然、チームメンバーが作ったものと自分で作るものでは異なる。

だから任せちゃダメ！

マネージャーの矜持としては、チームメンバーの全てのアウトプットは大いなるインプット。
自分でインプットし考え、アウトプットする。
それを手足として、チームメンバーに助けてもらう。

それを忘れてしまうと、「優しさ」のリーダーシップへの甘えが始まってしまうのです。

35

Word＋現物

VS

Excelシート

**事例調査をしてもらった。さて皆さんは
「どう？」報告してもらっていますか？**

　皆さんは「いい意味で」チームメンバーを手足として使っていますか？

　ホチキスパッケージに溺れず、マネージャーとしての矜持を滾らせ、「自分で」すべてを思考し、アウトプットしようとしているのだろうか？

　僕はコンサルティングファームの法人研修をしているときに、よくこの質問をしているのですが、感覚的には8割以上の方がこう答えます。

記事名、ソースのURLをExcelシートの表形式で報告させています。

　気持ちはわかる。

　プロセス的には、ジュニアメンバーに「これを調べてください」と数字の連番を付けて項目を並べる。それを1つずつ調べてもらい、Excelシートの良さを存分に活かしてソースURLを貼ってもらうわけだ。

　実に、気持ちだけはよくわかります。

でもこれは絶対にお勧めできません。何故か？

それは、絶対にあなたはURLをクリックして生ネタを読むことなどないから。

そうなのよ。Excelシートって「こんなこと調べましたよ」という一覧性は高いけど、その中身を「丸ごと」読ませるには適してないのよね。

これを言うと、コンサルみたいな斜に構えたがる方から

Excelでも内容、画像とか貼れますよ。

というツッコミが入る。

そして僕は、内心では「だからさっき教えた通り、丸ごと、丸ごと！共有できないだろ。クリックさせる設計だろ？」と思いつつもそんなことは微塵も顔に出さず満面の笑みで、

ならそれで、お好きにどうぞ！

と答えるようにしておりますけど。

でも本当に、Excel共有はやめましょうよ。

じゃあ何で共有すればよいのかと言うと、

それはもちろんWordです。

記事などを「雑に」コピペしたWordで報告させる。

本当にこれしかないんですよね。

マネージャーとしては「丸ごと」読むスウィッチを入れるには、URLだったらリンクに飛ぶ必要などなくそのまま読みたい。

だったらWordが最強ですよね。

もっと言うと、世代的にはこう叫びたい。

記事などを「雑に」コピペしたWordで報告させる。それも紙で！

これは人によりけりかもしれませんが、紙だとペラペラしたら「あ、これ面白そう！」と見つけやすいと思っております。それがPDFだったりすると、やっぱりスピードが遅くなっているイメージがあるんですよね。

まあ皆さんは、色々と試してみてやりやすいのを選んでください。

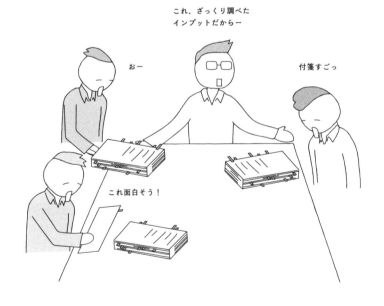

これ、ざっくり調べたインプットだからー

おー

付箋すごっ

これ面白そう！

　ところで、このことを少し応用すると「最も忙しい人種である MD」にも読ませることができます。さすがに彼らはクリックなど絶対しないので、ミーティング時に自分の分だけでなく彼らの分も余計に1部用意しておくと最高。

会議で「これ、ざっくり調べたインプットです」と渡すのが吉。その場で＋移動中にもパラパラ読んでもらえる。

　そうすると彼らの頭を刺激することができて、もっといいアドバイスやアイデアをもらえるかもしれません。

　だから僕は繰り返す。

自分の為にもチームの為にも、インプット材料は「丸ごと」共有してもらう。だからWordが基本！

1日あれば

VS

もっと早く言ってもらわないと

メンバーとマネージャーはどのくらいの 実力差があると思いますか?

　各自それぞれの定義があると思いますが、ちゃんと「定義」しておくことは非常に大事。だから、ここでは僕の定義をご紹介しましょう。

　コンサルティングファームではよく、次のようなことが起こります。

　今は火曜日の9時。MD、マネージャーな自分、チームメンバーの3人でミーティング中。明日のクライアントミーティング向けの資料を、MD含めて最終レビュー。

　その時、悪夢が起こる。いや、そもそも悪夢って滅多に起こらないんだけど、コンサル界隈では何故がこの悪夢はよく起こる。

　MDが、クライアントミーティングが明日に迫っているこのタイミングでやっと本気で見て、そして叫ぶ。

　「全然違うじゃん。これ何?」とチームメンバーではなく、マネージャーに向かって叫ぶ。

　そして空気が重くなる。

これがよく起こる悪夢でございます。

パッケージの責任はマネージャーにあるので、ひとえに「チームメンバーの力量を見誤り、うまくパッケージまで作り切れなかった」ということですよ。

こうなると、
マネージャーはどういう行動に出るのか?

ミーティングを切り上げ、MDには「後ほど、進化した形で朝までにお届けしますね」と今までの「信頼」を生かし、とりあえずイライラしたMDを会議室から追い出す。

そしておもむろに、チームメンバーに言うのです。

さぁ、作り直そう!

そして会議室を明日の12時まで予約し、誕生日席にはマネージャーの自分。

右側にシニアなチームメンバー、左側にジュニアなチームメンバーを座らせて、おもむろにマネージャーは最初からすべてをやり直す。

それも黙って、自分1人だけでやり始める。

そして、チームメンバーは固唾を飲む。

1. 前回のパッケージ、議事録、そして何より自分のノート／メモを見返して、「今回の」論点をどこに置くべきかを見直す。
2. その残論点／今回のフォーカスされた論点の現時点での仮説を基に、ストーリーラインを書き直す。
3. その上で、「現時点で検証されている」「検証されているか微妙」「検証さえしていない」のどれに当たるかを、チームメンバーのインプットを見ながら振り分ける。
4. チームメンバーに「検証されているか微妙」「検証さえしていない」論点／仮説に対してTASK設計をし、この会議室で、目の前で作業してもらう。そして作業が1つ終わるごとに報告をもらう。緊急事態なので「数時間後に」とかではなく、同じ空間である意味「見張り、その都度質問を受けれる」状態で作業をしてもらう。
5. 作業をさせながら、「まとめスライド」をベースに新しいパッケージの骨子／内容をWordに書いていく。
6. それができたら、1枚1枚を紙でスライドフォーマットを書き、手の空いているチームメンバーに1枚ずつPPT化をさせる。そして、チームメンバーの作業が終わる毎にスライド化していく。

7. それを繰り返して、20枚のパッケージを作成する。

8. 出来上がったら、MDに『明日の朝1イチでもう一度、「2人で」ミーティングしましょう』とメールする。

9. 基本、この時点で24時前後が通常。チームメンバーに作業の指示を出して、明日に備えてマネージャーは帰宅。チームメンバーは作業を継続。昔であれば、マネージャーが来る頃までやり続ける。

10. 朝5時にマネージャーも出社し、さらに徹夜でできたインプットをベースに1枚1枚、紙でスライドフォーマットを書き、手の空いているチームメンバーに1枚ずつPPT化をさせる。

11. 出来上がった資料を印刷して、3人それぞれ声を出しながら誤字脱字チェックをして、終わり次第、MDとマネージャーがミーティングをする。

12. そして、ミーティングでのMDのインプットを自分で直して完成。

以上、こんな感じでやります。

つまりマネージャーの定義・腕前とは、

1日腕まくりすれば、
クライアントミーティング1回は乗り切れる。

これができてこその「マネージャー」だと思うのですよ。

だから、マネージャーの矜持としては日ごろから、

**チームメンバーの全てのアウトプットは大いなるインプット。自分でインプットし考えアウトプットする。
それを手足として、チームメンバーに助けてもらう。**

このように思って、自分自身のコンサルティングスキルを磨いておく。でないと、マネージャーとは言えないのだ。

そして、その腕まくりの姿がチームメンバーの「あなた」への尊敬、ロイヤリティにつながるわけです。

MDのせいで炎上したとき、プロジェクトが「有事」のとき、任せていたチームメンバーが「明後日の方向」に作業していて、すべてが無駄になったとき。

**「1日あれば大丈夫」がマネージャー。
「もっと早く言ってもらわないと」がマネージャー未満。**

「宿題」に感謝

VS

「宿題」は嫌い

「クライアントとの距離を詰める」には これしかない。

　マネージャーになると、やっとクライアントとの「対面」の場に立つことができます。

　これまでは「そのつもり」だったとしても、クライアントにとっては「作業をしてくれる優秀なお方」くらいにしか思ってもらえてない。故に、

マネージャーは本当に楽しい。

　もちろん、苦しい場面も頻繁にありますよ。

　プロジェクトがうまく進んでいなければ、下手すれば罵倒されるし、相手がコンサル慣れしていたらMDに対して「このマネージャー、できないから変えてくれない？」とか言われてしまうかもしれない。

　そして、仮にそうなったら挽回は難しい。

　だから、プロジェクトの為にもチームメンバーの為にも、マネージャーである自分の為にも「対面」のキーパーソンであるクライアントとの距離を詰め、信頼を勝ち取らなければなりません。

距離を詰めるときにマストで意識すべきこと。
それは、今までの人生において嫌いに嫌ってきた
「宿題」です。

　しかしまぁ、あれだけ学生時代から忌み嫌ってきた言葉を重宝するときが来るとは思わなかったですよ。人生ってわからない。

　さて、信頼を獲得し距離を詰めるために必要なこと。
　それは簡単に言うと、

その人の「役に立つ」こと。
それも、プロジェクトの「外」がベストです。

　役に立てば、当たり前ですが、相手は重宝してくれます。
　しかし、これがプロジェクトのスコープ内だと相手はこう思ってしまう。

プロジェクトフィーを払ってますから、
エクストラサービスではなく当然か。

　これでは距離を詰め切れません。

　ですので、距離を詰めるためには、本来ならプロジェクトのスコープから外れているとか、その事業部、組織の為というよりは「対面」のキーマン個人の役に立つことが大事なのです。

「宿題」をもらいにいくのは当たり前。
できれば、「個人的な」宿題を取りに行く。

　この行為こそが、会社やプロジェクトではなく「自分を売る」行為につながっていきます。そして、相手との相性が良ければ「トラステッドパートナー」となり、さまざまな相談をしてもらえる関係になれるのです。

　ちなみに、これは「クライアント⇔マネージャー」との関係だけではありません。

「マネージャー⇔チームメンバー」
これも同じ構造。

　チームメンバーが自由に挑戦させてもらうには、マイクロマネジメントをやめてもらうには、もうね、マネージャーから信頼を勝ち取り距離を詰めるしかない。

　故に、チームメンバーとしても「宿題」をもらいに行くのは当たり前で、できれば「個人的な」宿題を取りに行くようにしていかなければなりません。

　具体的に言えば、

金曜日の15時に
「土日に考え始めたいので仕事ください」と言う。

　これですよ。

　自分のモジュールだけでなく、プロジェクトの為に「やっておいたほうがいいかも。まさにnice to have的」なタスク＝ある意味、プロジェクトの外／「個人的な」宿題をもらえることになるわけ。

もし、プロジェクトはご一緒してないけど距離を詰めたい方がいたら、これしかない。

ぜひとも、プロジェクトのセールスの手伝いをさせてください。何か調べものなどはありませんか?

このように仕事を取りに行くことが大事なのだ。

プロジェクトではないし、評価にもつながらない、まさにプロジェクトの外／「個人的な」宿題をもらえることになります。

本当に、プロジェクトのセールスはその意味で最高。

完全に、自分の為に「宿題」を取りに行こう。
そして、「宿題」をせっかくやるなら
プロジェクトの外／「個人的な」ものを!

その場で「リジェクト」

VS

はい、やらせていただきます！

お持ち帰りしてから「やっぱりやりません」はない。

コンサルでも事業会社でも、こんなことが起きたりします。

（前項で出てきた「宿題」は「こちらから取りに行ったTASK」なので、この問題は起きません）

ある会社の「ホールディングス化」の議論をしていると、日頃からキレキレのインプットをされるクライアントの役員＝池内さんがおもむろにパラパラとパッケージ資料をめくりながら、

「サントリーとか、事例を調査してもらっていいですか？」

とチームに、マネージャーである僕に向かって発言。

そして、僕は内心「それって何のために？それをやって、いいインサイトが出るのかな？」と思いつつ、

「了解しました」

そして会議は静かに終わった。

さて、この状況。

事業会社の皆さんであれば、「池内さん」に当たる部分を上司、自

社の役員と置き換えていただけるとわかりやすいかと思います。

　そう、これは相手から「TASK」という宿題をもらった形なのですよ。

　だから必ず、どんなことがあろうともやらねばなりません。

　言うまでもなく、

クライアントからの「宿題」を持ち帰り、「やっぱ、筋が悪いんでやりませんでした」はご法度。

　そして言うまでもなく、

クライアントからの「宿題」を持ち帰り、「丁寧にやりましたが何も（インサイト）出てきませんでした」もご法度。

そうなんです。お持ち帰りして、こちらとしても時間を投下したわけですから、

何かしらのインサイト＝「こんなことわかっちゃいました！これからの意思決定の材料になりますね」がないなんてご法度。

そもそもの話として、コンサルタントの全ての時間はクライアントにチャージされているので無駄にはできない。たとえお客さんの依頼から始まった「宿題」であろうとも。

当然、そんなことをしていたらクライアントに「自分を売る」どころか、そっぽを向かれてしまいます。

違う言い方をすれば、何でもかんでも「はい、やります！」というのは、決してプラスにはならないのでございます。

「はい、やります！」は「優しさ」のリーダーシップメンタリティ。その場で考え議論し、時にはリジェクトするのが「インテレクチャルリーダーシップ」です。

では、実際にどのような感じで議論をすればいいのだろうか？

ある会社の「ホールディングス化」の議論をしていると、日頃からキレキレのインプットをされるクライアントの役員＝池内さんがおもむろにパラパラとパッケージ資料をめくりながら、

「サントリーとか、事例を調査してもらっていいですか？」

とチームに、マネージャーである僕に向かって発言。

マネージャー2年目　＝「クライアントへ自分を売り込む」

181

そして、僕は内心「それって何のために？それをやって、いいインサイトが出るのかな？」と思いつつ、

　「実際、どんなことがわかったら、今検討していることが右から左に意思決定、行動が変わりそうですか？」
　「そこをクリアにしてから、サントリーに限らず10社でも20社でも調べたいと思っているのですが」
　「あえて言えば、ホールディングス化の後の組織の作り方を○にするか□にするか？ですかね。でも、それはあの事例で既に検証されましたよね？」

　池内さんは「そう言われてみると要らないですね。ちょっとこちらでも考えてみます」と言い残し、会議は静かに終わった。

　チームメンバーからも内心、拍手が上がり、マネージャーな皆さんへの信頼とロイヤリティが上がる瞬間でもあります。何より、クライアントにも「ちゃんと考えてくれている」と思われ距離が縮まります。

「YESマン」でよかったのは遠い昔です。
今は甘えられません。
これからは「（その場で考えて、時には）リジェクトマン」の時代ですよ。

　以上、今回お伝えしたいことはここまで。

　ところで、悩ましい＆これを「悩んでこそ」マネージャーという「VS」が存在します。

それがこちら。

> 「商人魂」を燃やして、その「宿題」を持ち帰る
> VS
> 「その場で議論。ときにリジェクト」で、
> その「宿題」を持ち帰らない

ほんとそうなのよ。

「宿題」は喜ばしいことだし、「恩を売れる」商人魂が滾っていればなおさら「持って帰る」一択になってしまいます。でも、変なものを持って帰ると悲惨なことにもなる。さてどうしたものか？と悩むことになるわけ。

で、この選択については賛否あるのですが、賛否が起きない「必ずした方がいいこと」があります。

それはこれ。

この「宿題」は本当に意味があるのか？
これを「平場」で、クライアント／MDがいる中でちゃんと議論する。

これはめちゃくちゃ大事なこと。

例え、あなたの哲学が「YESマン」だとしても、この議論は必ずやってほしいのです。

そして、インテレクチャルリーダーシップを発揮し「リジェクト」する際には、必ず意識しなければいけないことがある。

それは、

> 「インサイトにつながらない・行動が変わらない」
> からリジェクト
> VS
> 「工数をかけたくない・面倒くさい」からリジェクト

　これ。「リジェクトする」ときには、本当に注意しなければなりません。どれだけ崇高なる思考のもとで断ったとしても、

「それって、その作業はしたくないってこと?」と疑念が生じた瞬間に距離は離れ、プロジェクトは必ず炎上します。

　だからこそ、そこは丁寧に扱った上で返事をしなければいけないのです。
　ここでもう一度、先ほどの返事を見てみましょう。

　ある会社の「ホールディングス化」の議論をしていると、日頃からキレキレのインプットをされるクライアントの役員＝池内さんがおもむろにパラパラとパッケージ資料をめくりながら、
　「サントリーとか、事例を調査してもらっていいですか?」
　とチームに、マネージャーである僕に向かって発言。
　そして、僕は内心「それって何のために?それをやって、いいインサイトが出るのかな?」と思いつつ、

> 「実際、どんなことがわかったら、今検討していることが右から左に意思決定、行動が変わりそうですか？」
>
> 「そこをクリアにしてから、サントリーに限らず10社でも20社でも調べたいと思っているのですが」
>
> 「あえて言えば、ホールディングス化の後の組織の作り方を〇にするか□にするか？ですかね。でも、それはあの事例で既に検証されましたよね？」
>
> **池内さんは「そう言われてみると要らないですね。ちょっとこちらでも考えてみます」と言い残し、会議は静かに終わった。**

緑のアミ掛け部分を自然と言えれば、「お前がしたくないだけじゃね？」という意味のない議論を避けることができます。

そんな積み重ねが、「自分を売る」というか「自分のファンになってもらう」ことにつながります。意識していきましょう！

39

あれとこれは得意です

VS

すべて得意です

コンサルタントであり「営業マン」にもならな あかんのがコンサル界隈のマネージャー。

「いつからプロジェクトを売る役割も担うか?」はファームにより まちまち。シニアコンサルタントあたりから「フォローケースの営 業はしなさい」という場合もあるし、一方でシニアマネージャーか ら営業活動を初めてちゃんと取り組むファームもある。

これはどちらも一長一短。

早いタイミングで営業に携わることでビジネスセンスが磨かれる し、それを通じてコンサルスキルも上がります。

その一方で、

「売れたらいいんでしょ?」 ## =コンサルスキルを磨かない、磨けなくなる。

こんなマイナス部分があることも事実。

しかしながら、本当に大事なことなのですが、このスキルがあれ ば世の中で困らないってのが「営業」の技術です。

営業、それも「コンサルティングサービス」というウルトラ高く、 そもそもサービス自体が目に見えない、それも結果をコミットする わけでもないと3重苦のようなものを売る営業、それをBCGでは、

SD＝セールス・デベロップメントと呼ぶのですが、その中で僕が感じた、意識してきたことをここから語って行きますね。

　まずはこれですよ。
　皆が総じてハマりがちな罠。
　そう、

すべて得意です。

　これ。
　これをしてしまうと信頼を勝ち取れず、結果、売れません。

　例えば、クライアントの課題（SDの時は、あくまで課題仮説となります）を大きく6つ設定したとします。
　例えばこんな感じ。

マネージャー2年目 ＝「クライアントへ自分を売り込む」

御社／CEOが抱える課題仮説（叩き台議論用、BCG所感）

1.　社会、市場、事業環境が大きく変わり、今後「10年」を決める意思決定をすべきタイミングであるが、その「未来予測」の解像度が荒く、すべての意思決定に影響を与えているのではないか？

2.　コロナなどで市場環境、事業関係が大きく変わる中で、ビジネスモデル／サービス・プロダクト設計などを進化させるべきとわかってはいるものの、その変革のプランが立て切れていないのではないか？

---

3. 「3桁億円」事業を3年、少なくとも5年スパンで新たに立ち上げるのが理想だが、実際は「既存事業」でリソースが逼迫し、検討の進捗が芳しくないのでは？

4. 自前にこだわらず、買収（少なくとも提携）も積極的に行うタイミングと言えるが、他社／競合が直近3年で1〜5社買収し成長にブーストをかけているのに対して、貴社は提携の1社のみと、社長／株主から見ても「物足りない」状況に陥っていないか？

5. これから来るとされる「不況、景気悪化」に備え、コスト削減なども含めた「リストラクチャリング」が必要だという認識だが、それに踏み切れていないのではないか？

6. 社会の変化・事業環境の変化に対して貴社のプロダクト／サービスも変わっているが、それを牽引する人材や、それを支える人事制度（含む、組織体制）が変化についていけておらず、制度疲労を起こしているのではないか？

　要するに、MDと議論しながら6つの論点について仮説を立てて、それに沿ってセールスの資料を作りプレゼンを行うことになります。

　そしてその時！
　このミスが起きるのだ。

すべて得意です。
＝あなたが抱えている「課題」、
すべて我々が解けます。得意領域です！

これね。これをやってしまうのです。

これは本当にダメ。

それは何故か？

では、次の２つのパターンを見比べてみてください。

> クライアントの課題を考えてみたところ、6つあると想定
> しております。すべて我々が解けます。得意領域です。
>
> VS
>
> クライアントの課題を考えてみたところ、6つあると想定
> しております。そのうち2つは我々が解けます。得意領域で
> す。残り4つのうち2つは我々でもできますが、最後の2つは
> 不得意です。

　圧倒的に後者の方が、僕らが挙げた「6つの課題仮説」の信憑性
が上がるのがわかりますでしょうか？

　つまりですね、こういうことなんですよ。

「すべて我々が解けます。得意領域です！」としちゃう と、クライアントの「課題」は何か?をゼロベースで考 えたのではなく、「君たちが売りたいプロジェクト／で きるプロジェクトを並べたんでしょ?」と思われてしま いアウト。

でも「そのうち2つが得意領域です！」と言われると、「君たちは自分たちの得にならないのに、他に4つも挙げてくれたの？（なら、この6つは真剣に考えてくれた6つだな）」と思われて最高！

　だからこそクライアントとの距離が縮まり、議論に値する人たちだと思われ、結果的に一番大事な「自分を売る」ことができます。自分を売れさえすれば、あとはタイミングでプロジェクトも売れますからね。

営業の鉄則1
「あれは得意ですが、これは不得意です」

　さぁ、次行きましょう！

40

利害関係者から外れる

VS

利害関係者として語る

「利害関係者から外れる」というのが
本質なんですよね。

　先ほどの「営業の鉄則1」の根底にも流れていることなのですが、大事なので「営業の鉄則2」として紹介させていただきますね。

　例えば、僕が運営している「考えるエンジン講座」では、1対1で「論点思考」というものを教えております。そして、受講にあたっては必ず「無料相談」というものをしており、最低でも「15分間」お話して、その後に受講していただいている。

　その無料相談の中でですよ。

**「考えるエンジン講座」は最高ですよね。
コンサルはもちろんのこと、
ビジネスパーソンなら受けるべきです。**

　などと力説したら？

　それ自体が正しかったとしても、どうしてもこれには次の成分が入ってしまうのですよ。

そりゃあ、あなたは売りたいからそう言いますよね。

　結果、「考えるエンジン講座」の説明も流れていってしまい、相手

には届かなくなってしまいます。この構造を僕はこう呼んでいる。

> **利害関係者**になっている。

つまり、「売れたことにより、あなたにお金が入る」という利害が発生している人になってしまっているのです。だからこの「利害関係者」から外れない限り、健やかに営業できる構造にいないのだ。

営業の鉄則2
「利害関係者から外れる」

利害関係者から外れることさえできれば、あとはシンプルな営業の方程式に立ち向かえます。

いいモノは売れる
売れないなら改良する。

例えば、先ほどの営業の鉄則1「あれは得意ですが、これは不得意です」もまさに、根底にこの哲学が流れている。

クライアントが「自分が得意ではないけど我々に必要だからってことだけで、提案してくれて議論してくれるわけ？ だって、下手したら自分が得意じゃない領域が選ばれてしまうかもしれないんだよ？」と思ってくれたら、それはまさに利害関係者から外れるムーブ！

利害関係者から外れる
＝自分の得にならないようなことをわざと言う。

1つの軸として「利害関係者から外れる」ことを意識しておくと、色々と発展できるわけですよ。

「考えるエンジン講座」も法人研修をしているのですが、そのときにこちらからガンガン説明すると、説明すればするほど利害関係者まっしぐらで何も届かない。このスタイル、運営者自身が超有名にでもならない限り売れないのです。

なので、僕はどうしているかというと、

考えるエンジン講座について、
Word15枚を書き切って事前に読んでもらう。

これ。これも「利害関係者から外れる」ムーブでございます。

あとね、

相手の「質問」から始められる。

これが大きい。「利害関係者から外れる」ムーブとしては大きいのです。

だって、こちらから説明しているわけでなくて、

よくぞ質問してくださった。
なのでお答えします。
わかりやすく言えば、「聞かれたから説明しただけ」。

これですもん。

べつに、偉そうにしたいとかマウントポジションを取りたいわけではないですよ。これから説明することを100%そのまま受け取ってほしい。

　ただそれだけです。

　ここでお話ししたことは、キーポイントとして覚えておいてくださいね。

　『HUNTER×HUNTER』のヒソカのバンジーガムくらい応用力高いです！

41

席を立つ

VS

最後まで居座る

せっかく時間をもらったのだから最後まで居座るとか具の骨頂。

　法人研修の営業でDMを送ったら「話を聞きたい」とメールをいただいて、「30分」のミーティングをセットしました。相手はメガバンクの1つの人事部ですよ。

　当然、いつものように前作の緑ボンと、15ページのWordもお送りしました。

　そしてリモートでミーティングが始まる。

タカマツ

　どうも、こんにちは。考えるエンジンのタカマツでございます。お時間をいただき、ありがとうございます。

柿沼さん

　こちらこそ、本も資料もいただいてありがとうございます。ただ、人事採用シーズンで忙しく、本は他のビルに届いたため取りに行けておらず、資料も読めておりません。

　さてこの瞬間、皆さんならどうするだろうか？

席を立つ　VS　最後まで居座る

きっと、「では、Word資料について説明しますね」となるだろう。
しかしだ。

相手は「こちらに興味がない」かもしれない。どんな背景がある
かわからないが、想像するに上から「とりあえず聞いてこい」と言
われて「仕方なく」時間を作ったくらいのポジションだと思う。だ
から、この状態で最後まで居座り説明するのは筋が悪い。

だから、間髪入れずに「席を立つ」モードに切り替えるべきなのだ。

では、せっかくなので10分だけいただいて、それで終わりにさせていただきます。

これがベストなのです。そうすれば彼らは喜ぶ。何せ、「20分」
も暇になるのだから、こんな最高なプレゼントはないのだ。

しかし、このままだと「興味がない」「読んでない」がそのクライ
アントのせいになってしまうので、最後にこの言葉を添える。

こちらがもう一段進化したら、またご連絡します。

これが大事なのだ。こちら側が「誰やねん？」と思われるほど未
熟なんで出直してきます感を出して終わる。

なので、例えば今現在の僕であれば

今年中にあと3冊、来年には更に2冊は出版されます。その頃には導入したくなるかもしれませんから、その時にまた。

こんな感じで終わるのだ。このコンボが大事。

> 営業の鉄則3
> # 「席を立つ」＋「進化したらご連絡します」

　本当に忙しい人とは距離をとり、じっくり「こちらの腕前、実績を上げながら」待つというのがよいのだ。どんなに法人研修を導入してもらいたくても、居座ってはならないのだ。

　一方で、「逆」のパターンのときは人生を賭して全力で行く。

メールではなく電話で直接連絡してくれて、時間も「30分」ではなく「1時間」。ミーティング本番時には、本に付箋が貼ってあり、資料も読んでくれている。

よっしゃ、全力で応えたる！

だったらもう、情報の出し惜しみなどせず全力でその方の相談に乗ります。

　当然、「利害関係者から外れる」が大事なので、「考えるエンジン講座とは？」以外の質問にもガンガン乗ることを意識する。

　実際、

　我々も「サポート」の枠を超えて「コンサル」まで踏み込みたいと思っています。そもそも、コンサルティングファームの研修体系ってどうなっているのですか？

　こんな質問もあり、これを中心に盛り上がったものですよ。

　その中で「考えるエンジン」についても結果的に触れることになり、距離を詰めることになるのです。まさに、「自分を売る」につながっていくことになります。

自分のサービスを売る前に「自分」を売れ！

42

お土産は「1スライド」

vs

お土産は「ワイン」

「お土産」を因数分解したことがありますか?

皆さんも旅に出かけると、何となくお土産を買いますよね。そして誰かに渡しますよね。

あれ、「(お土産自体だけではなく)何を渡しているのか?」について考えてみたことありますか?

ということで、「文系の因数分解」をしてみましょう。ちなみに、皆さんが苦手だった算数、数学のような数字の因数分解を「理系の因数分解」と呼んでおり、数字ではなく概念、それこそ運とか製品の価値とかそういうのを因数分解することを「文系の因数分解」と呼んでおります。

では、「お土産」を因数分解してみます。

お土産 = [   ] × [   ] × [   ]

さぁ、カッコ([ ])には何が入ると思いますか?

例えば、

> お土産＝［お土産自体］×［旅先でも貴方を思った気持ち］×［その話題を話す（／自慢する）機会］

こんな感じでしょうか。

つまり、お土産をもらったあなたはこういう風に受け止めなければいけません。

「ワールドカップでカタールに行っている道中に、私のことを思い出してくれるなんて素敵すぎる！」と思うと同時に、「これをこのタイミングでお土産として渡してくるということは、これはこの人、ワールドカップの話をしたいのでは？」と感じて、話を振らなきゃ！と受け止める。

たとえ、このタンブラーのお土産が要らないものだったとしても。

これがお土産の価値なのです。

そういう風に因数分解する、特に文系の因数分解をすると「気づかない」価値に向き合うことができてお勧めでございます。

更に、この「お土産の価値」はプライベートだけではなく営業にも通ずる。

営業資料はクライアントへの「お土産」。

このように考えると、視野が広がります。

お土産＝［お土産自体］×［旅先でも貴方を思った気持ち］×［その話題を話す（／自慢する）機会］

これを「営業」に投影すると、

＝［資料自体が面白い］×［情報が限られた中で考え抜いた気持ち］×［その話題を話す、提案する機会］

このようになるわけです。
ですので、

［資料自体が面白い］
＝プロジェクトが刺さる、刺さらない／買う、買わないを度外視して、「このスライド1枚、面白いね」をいかに作るか。そういうゲームをしなければならない。

［情報が限られた中で考え抜いた気持ち］
＝「我々のことまったく知らないのにこんなに考えられたということは、情報を与えたらとんでもないことになりそう」といかに思わせられるか。そういうゲームをしなければならない。

［その話題を話す、提案する機会］
＝「提案する立場として、自然とこちらが話したいテーマができる環境」をいかに作るか。そういうゲームをしなければいけならない。

となります。
ということで、「営業の鉄則4」でございます。

営業の鉄則4
営業資料は「お土産」
＝[資料自体が面白い]×[情報が限られた中で考え抜いた気持ち]×[その話題を話す、提案する機会]

43

1対3=「考えてもらう時間」を売る

VS

1対1=「商品・サービス」を売る

必ずしも1対1がよいとは限らない。それが営業。

1対1というのは一見するといい感じに思えますよね。その人だけにロックオンして、営業を畳みかけられるように思えます。

でも、特に「コンサルティングサービス」など目に見えないモノ（コト）を営業する場合は「利害関係者」から外れることが大事なので、この「畳みかける」という行為はマイナスにも働く。そして何より、「1対1」には大きな弱点があるのです。

それは何かというと、

相手に「考えてもらう」
＝質問を思い浮かべてもらう時間を与えづらい。

これ。

相手からの質問に答えるからこそ「利害関係者から外れる」一歩となるわけですから、相手に噛み締めてもらいたいの。しかし、しかーしながら、僕ら2人しかいないので「話す」か「聞く」にCPUを使わざるを得ないため、しっとり考えることができません。

ですので、クロージングフェーズならまだしも、初期のフェーズ＝議論、炎上させるフェーズでは、「1対1」ではなく「1対3」くらいのほうがよい。

実は、「1対3」というのは素敵なバランスで、

相手に人数マウントさせる。

これが大事なのですよ。

「売りつけている感」を減らす意味でも、こちらが人数マウントせず、相手に「人数マウントさせる」のは非常に大事。

だって、相手に心理的安全性をプレゼントできますからね。

営業鉄則5
1対1も使おう。
初期は「1対3」で "考えてもらう" 時間を売る。

先出しジャンケン

VS

後出しジャンケン　の話アゲイン!

マネジメントもですが、
営業も「先出しジャンケン」。

営業のフレーズでよく聞くのがこちら。

何かお困りなことはありませんか?

何か御社の課題はありませんか?と聞いて、自分たちの商品・サービスにつなげる。よくあるパターンでございます。しかしながら、このときに考えないといけないことがある。

「目に見える」モノの時ならいいけど、
「目に見えない」サービスの時は芳しくない。

それは何故かというと、製品であればお客さんの「お困りごと」が何であれ、こちらが提供できるものは当たり前だが変えられず、その製品を売るしかない。

でも、コンサルティングを始め「目に見えない」サービスの場合、お客さんの発言に合わせて変更することが可能だし、少なからず「変更可能なように」クライアントは思えてしまう。

なので、相手から先に「お困りごと」を聞いてからこちらが語りだすと、こう捉えられてしまうのですよ。

僕ら（＝クライアント）がこう言ったから、
それにアジャストしましたね？

　これだとせっかく、そもそもクライアントのお困りごとを聞く前にスイートスポットな提案ができたのに、「よかれと思って」聞いたばっかりに裏目に出てしまう。

　だから、僕らは腹をくくって相手の課題や不満を聞く前に語る、提案しなければいけないのだ。

　くれぐれも営業のミーティングで、クライアントに「最近の課題は何ですか？」などと聞かないように！

> 営業鉄則6
> 「先に」ニーズを聞くバカ。
> 「先に」不満を聞くポンコツ。
> 王者の「先出しジャンケン」で行くこと！

「条件付き」売り込み

VS

「全方位的」売り込み

「営業」という「答えのないゲーム」を
楽しんでますか？

先ほどの続きでございます。

何かお困りなことありませんか？
と聞くのはポンコツの所業。

これなんですが、ではどういう言い方をすれば一番刺さるのか？
この問題について、サラッと考えてみたいと思います。
まずは、少し前にお教えしたこちら。

営業の鉄則1
「あれは得意ですが、これは不得意です」

これを体現したような言い回し／思考があります。
それが、

これこれこういう状況だったら僕らのサービスはお勧めですが、そうでなかったら僕らのサービスは必要ないです。

これ、これが本当に大事なのです。

営業の鉄則2
「利害関係者から外れる」

これにもつながってきますよね。

わざわざ、聞いてもいないのに「自分たちが刺さる領域を狭める」＝不利な条件を提示しているわけですからね。

そして、仮に「その状況ではないなぁ」と言われたとしてもプラス要素しかありません。

それは、次のように持って行くことができるからです。

「なるほど。であれば、我々の出る幕はありませんね」と帰り支度をしながら、「ちなみに、どんな状況でどんな課題を抱えているのですか?」と聞いてみる。

その後にクライアントから語られたことは、確実に「真実」となります。

通常、先に聞いた場合は「何で教えなきゃならないの？」から始まって、「言うと売りこまれてしまうから」という気持ちまでこみ上げ、真実は語られません。

でも、この流れは違うのです。

「我々の出る幕はありません」と言うことで利害関係者から外れているので、存分に素直に語ってくれるのです。

　営業にとって、何かを売る立場の者にとって、こんなに嬉しいことはありませんよね。

　そしてその後は、その場では説明せず「あらためて、それに関する資料をお送りしますね」と宿題にして立ち去ります。

　なお、その話をしてもし相手が「ぜひ今、聞かせてもらえませんか？」ときたら、それはゴール。相手から来たのですから、刺さりやすい構造になります。

> **営業の鉄則7**
> **自分からスタンスを取り、**
> **「こういう状況なら」と条件付き売り込みが大吉。**

　ところで、この「条件」を中心に説得する方法を「B○条件」と呼んでいるのですが、タカマツボン『答えのないゲームを楽しむ 思考技術』で詳しく語っているので、併せて読んでみてくださいね！

目に見える／見えない

VS

必要性／not必要性

フェルミ推定でおなじみ
「田の字」の登場でございます。

さて、営業の話も今回が最後。最後の「営業の鉄則」でございます。
先に紹介してしまいますが、こちらです。

営業の鉄則8
営業戦略を練るときはこの2軸。
「目に見える、目に見えない」×
「必要性、not必要性」

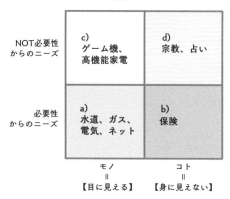

（議論用）営業戦略
営業マトリクス

	モノ＝【目に見える】	コト＝【身に見えない】
NOT必要性からのニーズ	c) ゲーム機、高機能家電	d) 宗教、占い
必要性からのニーズ	a) 水道、ガス、電気、ネット	b) 保険

この軸が便利です。本当に便利です。

これをどのように使うかというと、

何か営業戦略を考えたときには必ず、どこか1つだけのセグメントに当てはまるかをチェックする。

違う言い方をすれば、

各セグメントの営業戦略は絶対に異なるわけだから、2つ以上に当てはまったら思考が足りないと思え。

さらに違う言い方をすれば、

「左下のセグメントの商品を扱うなら今まで通りの営業戦略だけど、今回は右上だから、そうではなくて新しいこの営業戦略よね」と叫ぶ。

ということになります。

今回の営業戦略マトリクスの紹介は、マトリクス自体の紹介よりも、こういうマトリクスの「使い方、頭の使い方」を紹介したかったので取り上げました。

例えば、ある組織の戦略を練るとしましょう。

その時も「同じ」頭の使い方をしてほしいのです。

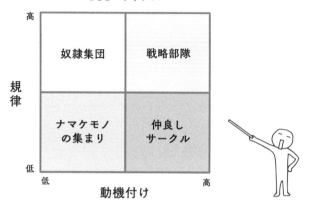

（議論用）組織戦略の方向性
BCGマトリクス

図は、正式名称はよく知らないので「BCG組織マトリクス」と呼んでいる、組織を「動機付け」と「規律」で4分割したものです。

これを使うとすれば、頭の使い方は次のようになる。

仮に御社組織が「左下のナマケモノの集まり」、つまり動機付けも規律も低いのであればこの戦略ではないのですが、どちらかと言うと「左上の奴隷集団」だと思うので、こういう戦略がいいと思います。

と、このような使い方が大事なのです。

これが、マトリクスの使い方の1つです。

マトリクスは整理にあらず。条件分岐だ！

ということで、最後にこれまで見てきた「営業の鉄則」をまとめて、締めたいと思います。

営業の鉄則1
「あれは得意ですが、これは不得意です」

営業の鉄則2
「利害関係者から外れる」

営業の鉄則3
「席を立つ」＋「進化したらご連絡します」

営業の鉄則4
営業資料は「お土産」
＝〔資料自体が面白い〕×〔情報が限られた中で考え抜いた気
　持ち〕×〔その話題を話す、提案する機会〕

営業鉄則5
1対1も使おう。
初期は「1対3」で"考えてもらう"時間を売る。

営業鉄則6
「先に」ニーズを聞くバカ。
「先に」不満を聞くポンコツ。
王者の「先出しジャンケン」で行くこと！

営業の鉄則7

自分からスタンスを取り、
「こういう状況なら」と条件付き売り込みが大吉。

営業の鉄則8

営業戦略を練るときはこの2軸。
「目に見える、目に見えない」×「必要性、not 必要性」

ロジックは「裸の王様」

VS

ロジック イズ「キング」

ロジックはキングか? はたまた裸の王様か?

　世の中では、ロジックというものを全体的に「美化」しているように感じております。なので、何かにつけて僕は「ロジック」の地位を下げてやろうと目論んでいる。

　だからここでも、「ロジック」をディスっていきたいと思います。

　とはいえ、もちろん

ロジックを正しく扱えるようになると、
よりよいビジネスパーソンになれるのですが。

　さて、皆さんは何かにつけて「ロジックは?」「根拠は何なの?」と言われがちだし言いがちだと思いますが、実はこれには大きな落とし穴がある。

　それは、

「ロジックが通ることしか言えないし言わない」
という罠。

　この罠にハマってしまうと、「自分を売る」ことはできません。

　何故なら、

得てして、ロジックで説明することは凡庸だから。

　皆さんも経験があるだろう。

　説明はしきれないけれど、「これは正しい」と思うことが。

　もちろん、時間が経てば「検証できる」かもしれないが、現時点ではすべてをロジックでは通せない、でも「これをクライアントにぶつけたい」というメッセージを思いつくことはざらにあります。

　だから皆さんはスーパーなMとして、このVSに立ち向かうことになる。

ロジックを超えてメッセージを放つ

VS

ロジックが通ることだけを言う

　いやぁ、最高の戦いになるのがこのVSですが、そのときに意識すべきグラフがあります。

　こちらです。

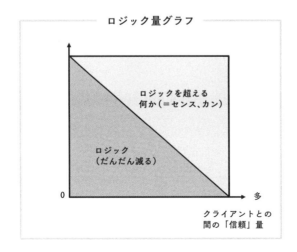

当たり前のことを当たり前のように言っているのですが、これをビジネスに使えている人は意外と少ないのです。

違う言い方をすれば、

皆さんはプロジェクトのミーティングの前半、中盤、後半でロジック量を調整しているだろうか?

例えば、プロジェクトが始まったとしましょう。テーマは「売上戦略」です。

それを任されたマネージャーは「論点、サブ論点をどう立てるか?」「現時点での課題仮説、打ち手仮説はどうか?」と真っ向勝負で立ち向かいつつ、「ロジック量」を見極める必要がある。

クライアントとの距離がまだ遠いプロジェクトの序盤は、「ロジック量多め」＝ロジックで説明しきれるものの中心に議論材料を構成して、信頼を集めていく。

その後、中盤に差し掛かったあたりで「ロジック量」を見極め直す。

それは、プロジェクト丸ごとではない。当然、信頼とは「個人」単位なので、相手の部長とは信頼ができているのなら「ロジック量を減らす」でOK。一方で、課長とはまだ信頼関係を築いていないのなら「ロジック量はそのまま」というように「個人」単位であり、その個人が担当している「事業、領域」テーマ単位で変えていくことになるのです。

そして、終盤には「ロジック量を減らせる」信頼性まで持って行き、メッセージ性を高めて刺しに行く。

これが、「ロジック量」を意識したプロジェクト運営というものなのです。

もう少し言えば、

WG毎に「ロジック量」を調整し、メッセージ性を高める努力。ぎりぎりを攻める姿勢。

「ロジックイズキング」とロジックに甘えるのではなく、まだまだ信頼性ができていないから、恥ずかしながら「ロジックで言える範囲」に甘んじていると考えるべし。

ロジカルシンキングができている！などと威張るのは、コンサル3年目で卒業してくださいね。ロジカル！ロジカル！言っている人はもはや「裸の王さま」なのですよ。

恥ずかしいを超えて寒い。

実は、皆さんが読んでくださった前作の緑ボンでも、この「ロジック量」の調整＝クライアントである「読者」との距離感、信頼感を測りながらロジック量を減らし／メッセージ性を高めておりました。

例えば、次のようなVSを後半に載せているのですが、

運 VS センス VS 健康 VS 頭の良さ

ざっくり言うと、「運があれば100％、センスがあれば75％、健康（体力）があれば50％、頭がよくても25％の成功確率」というメッセージです。そして、これは読者との距離感が詰まっている後半での掲載だから成り立つメッセージであり、「ロジック量」なのですよ。

仮にこれが前半に載っていたら、

は?

　と思われるでしょうね。だって、読者との関係が「遠い」時に、このロジック量でぶち込まれてしまうとスッと入ってきませんから。

「ロジック量」を調整する（減らす）ことにより、「メッセージ量」を最大化する=伝えることを増やす。

　何かを伝える際には、これがメチャメチャ大事なのですよ。

まさかとは思いますが皆さん、「始めから終わりまで」ロジック量を一定にしていませんか?

48

相手が自然と気付く／理解する／はしゃがせる

vs

説得して論破する（説得の3原則）

**「裸の王様」を説得しなければいけないのも
ビジネスの醍醐味。**

コンサルタントとして経験を積み、腕を磨いてマネージャーになる。

そうすると、色々なところでしなければいけないのが「説得」です。

反対意見を持つであろう役員を説得。
MDとのプロジェクトの進め方を説得。
チームメンバーの重めのタスクについて説得。

そう、至るところに「説得」せねばならない状況が舞い降りてくるのだ。

例えば、次のような状況に陥ったとしましょう。

あなたはコンサルティングファームのマネージャー。
そしてクライアントは商社です。

新しいインフラ投資をしようと考えているのですが、まだそのインフラ投資に役員たちが腹落ちしていないもよう。そこで、「何故、当社が新しいインフラ投資に取り組むべきなのか？」について説明することが必要になりました。

> そのため明日、MDとミーティングを行います。
> あなたはどのように考えて動きますか？

とりあえず何か新しいことをやるとなると当然、誰かえらい人を説得せねばなりません。コンサルもしかり、事業会社であればもっとそうでしょう。

そんな時に、皆さんはどんなことを考えて「説得する」のでしょうか？

どのように思考を回し、ホワイトボードに何を書きなぐるのでしょうか？

ということで、今回ご紹介したいのがこちら。

「説得する技術」- 3原則

簡単に言うとですね。『①「相手が自ら気付く」ってのが最高の説得の形であり、②それに向けて別の方向に考えが行っているのなら、その分岐を詳らかにして「正す」材料を用意する。③そして、説得は算数じゃないから「正しさ」以外にも論点はある』ということでございます。

あるいは、ビジネス書っぽくまとめておくとこんな感じです。

「説得する技術」- 3原則

1. 「説得」の最高形は何か？
   = 相手が自然と気付き理解して、昔から「私はこの考えだった」と、はしゃがせる。
   • 「説得された」ということは、「やっぱり考え直したら」も

あるということ。だから、誘導であっても相手から「なるほど、わかりました！」となることこそが最大の論点だと考える。

2. 「説得」のイメージは何か？
= フローチャート。どこかで何かの前提、思考を「逆に」言っているだけのこと。

- だから、その「逆に」言っているところの条件分岐が何かを詳らかにすることに他ならない。
- だから熱くならなくて済む。何故なら、この考え方の根本には「同じところにたどりつくのですが、何かお互い情報、前提が違いますね」という思考が流れているから。

3. 「説得」は正しさだけではダメなのか？
= 「正しさ」だけでは人は動かない。「時間」「政治」「意固地」のマネージが必要。

- 時間：とっさに資料を見せられても思考する時間がないため、相当に賢くない限りは「ちょっと意味わからないから意見を変えない」になってしまう。
- 政治：事業会社の説得であれば、会社だけでなく「自分の立場、キャリア」にも重きが置かれる。だから、「長いものには巻かれよ」を利用する。
- 意固地：ディベートしてしまうと、人はより頑固になる。いかに、素直に考えてもらうかが大事となる。

以上、これらのことを「説得せねばならない」ときに思い出し、是非ともトレースしてみてください。

まずは原則1と2。

哲学的にもなってしまいますが、大原則は「説得するのではなく、気付かせる」です。逆に一番ダメなのは、

「何故、当社が新しいインフラ投資に取り組むべきなのか」について、1つのストーリーを練り上げて押し付ける資料。

これ。これはアウトでございます。

これをしてしまうと「押し付けられた」という感じが強くなり、ダメという理由探しをされてしまいます。例えば、「そもそも、どんなに皆さんが調べたとしても未来なんてわからないでしょ？」と正論を振りかざされ頓挫してしまう。

では、どういう方向で思考すればいいのかというと、

役員たちが「ここが心配だから後ろ向きなんだよね」としている部分に対して、「皆さんにインプットです」と説得する気配ゼロの資料。

これを使います。

だからスライドとしては、とぼけた感じであたかも今までの議論をまとめただけですよ！という顔で、箇条書きで作ってください。

例えばこんなイメージです。

マネージャー2年目 ＝「クライアントへ自分を売り込む」

今までの議論のまとめ／補足
「なぜ当社が新しいインフラ投資に取り組むべきなのか」

- 「新しい投資」故に失敗の恐れも多いので、今ではないのではないか？

> →今後の既存事業の先細り＋今このタイミングに参入することのアドバンテージをフラットに計算すると、圧倒的に「投資する」に＋
> - XXXX
> - XXXX
> - XXXX
> - XXXX
> - XXXX
> - XXXX

そう、作りこんではいけない。何故なら、説得してやろう感が出てしまうからです。

この箇条書きスライドをベースに、補足資料でそれぞれの詳しいデータなどを載せるのはありですが、あくまで「説得」ではなく「材料」なのですよ。

では、原則3をトレースしてみましょう。

再掲しますね。

> 3. 「説得」は正しさだけではダメなのか？
> ＝「正しさ」だけでは人は動かない。「時間」「政治」「意固地」のマネージが必要。
> - 時間：とっさに資料を見せられても思考する時間がないため、相当に賢くない限りは「ちょっと意味わからないから意見を変えない」になってしまう。
> - 政治：事業会社の説得であれば、会社だけでなく「自分の立場、キャリア」にも重きが置かれる。だから、「長いもの

> には巻かれよ」を利用する。
> ● 意固地：ディベートしてしまうと、人はより頑固になる。
> いかに、素直に考えてもらうかが大事となる。

これは結構プラクティカルなので、ぜひやってみてください。

まずは「時間」ということで、ミーティングの前に事前配布し、必要に応じて説明をしてあげることが吉となります。

そのときに次の「政治」の観点が入ってきて、その説明の際に「誰々さんは賛成している」とか、「社長としてはこういう方向に向いていそう」ということをうまく吹き込む。

それが、当日の議論を健やかにしてくれるのだ。

そして最後の「意固地」。実はこれがものすごく大事。

なので、説得すべき相手の中で誰が素直で誰が拗ねそうかをちゃんと把握し、説得していく順番などを考えるべきなのだ。

人間、説得されている感を感じると
意固地になりがちですからね。

以上、「説得」を1つ取っても、丁寧に考えていくことがとてつもなく大事になるのです。

49

チェンジモンスター

VS

企業変革のボトルネック

「打ち手バカ」「TASKバカ」「論点バカ」
などに込められた思い。

　業界問わず、皆さんが会議の中で「TASKバカになっているじゃん」とか「それ、打ち手バカになってる気がしません？」などと使ってくださっているとお聞きし、本当に嬉しいとともに、それはひとえにネーミングのおかげだとガッツポーズしております。

そう、「ネーミング」は何かを動かすときに
ものすごく有用な手なのです。

　例えば、「打ち手バカになっているじゃん」という言葉を使わずにこれを表現するとなると、「課題を飛ばして、打ち手に飛びついちゃってるじゃん」などと長くなるでしょう。でもこれが「打ち手バカ」だと短くて言いやすいから会議でも使いやすいし、それが連鎖して組織の文化を変えることになる。

　そんなことを感じさせる例というか、BCGが生んだ概念があります。

　それが、

チェンジモンスター。

BCGにおけるチェンジモンスターの正しい定義は知りませんが、僕の理解では「企業を変革する際に出現する、邪魔をする人」の総称であり、「こういう人が邪魔してきますよ」というのをイラストとともにネーミングしたんですよね。

「タコツボドン」「ウチムキング」「カコボウレイ」「ミザル・キカザル・イワザル」「ノラクラ」「マンテン」「カイケツゼロ」なんてのがあるのだ。

例えばこんな感じ（図も見てくださいね）。

> **タコツボドン**
> 得意技：自分の担当を超えた視野を持つことを拒否し、「よそ者」の関与を否定する。自分のタコツボに閉じこもり、他とのつながりを持とうとしない。

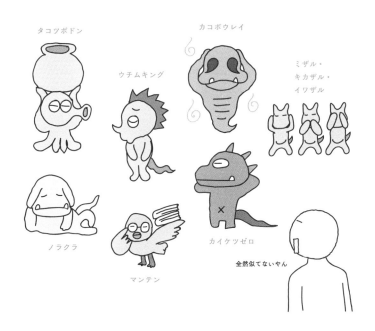

マネージャー2年目 ＝「クライアントへ自分を売り込む」

こんな感じに名前を付けることにより、「タコツボドンになってないか？」と自己チェックもできるし、チームで「タコツボドンにならないように気を付けようね」などと流行らせることもできる。この「ネーミングする」というのは、相当に良い打ち手なのです。

ところでネーミングするときのコツですが、それはこちら。

少しダサいほうがよい。

これは本当に大事なので、是非とも覚えておいてください。
例えばですね、前作緑ボンがおかげさまでドカンと売れたことにより、僕のことを調べてくれたり、「論点思考」を教える・コンサル思考を伝授さえていただく「1対1講座」＝「考えるエンジン講座」の受講生もドカンと増えた。で、この「考えるエンジン」というネーミングに注目してほしいのですよ。

考えるエンジン講座

コンサル思考とか、考えるエンジンストラテジックとか戦略とか付かない。考える為の「エンジン」ということで、シンプルに「考えるエンジン講座」です。

くぅ、ちょっとダサいじゃないか！

しかし、このダサさが頭に残り、元々はコンサル界隈を中心にひそかに広がっただけの「考えるエンジン」が、今では事業会社、ファンド、お医者さん、士業の皆さんと方々に広がってくれているのも、この「少し」ダサいネーミングのおかげだと思っています。

タカマツボンのタイトルだって、かなり思考を巡らせて作っているんですよ。決して、「流行りそうな、格好つけた」名前ではないってのには、こういう理由があったのです。

タカマツボンの「直接的で少しダサい」タイトルたち

① 『変える技術、考える技術』（*別名なし）
② 『フェルミ推定の技術』＝別名「黄色ボン」
③ 『フェルミ推定から始まる 問題解決の技術』
　　＝別名「ピンクボン」
④ 『答えの無いゲームを楽しむ 思考技術』＝別名「思考技術」
⑤ 『コンサルが「最初の3年間」で学ぶコト』＝別名「緑ボン」
⑥ 『暗記する戦略思考』＝別名「水色ボン」
⑦ 『コンサルが「マネージャー時代」に学ぶコト』
　　＝別名「オレンジボン」

どれもなかなか直球な名前ですし、色で『呼んでもらう』というのも同じ哲学ですよね。

だから皆さんも本書を読んだら是非とも広めてください。

オレンジボン、もう読んだ?

とね。

50

この構造化なのかな?

VS

構造化しなさい

楽しい時間がやってきました。
僕の嫌いな「構造化」を叩く時間です。

ロジック、MECE、そして前作の緑ボンにて叩きに叩いているの
がこれ。

構造化! 皆さん大好き構造化!

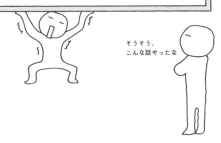

「構造化」=同じ「粒度」のものを括ること。

「MECE」=「漏れなくダブりなく」という
　　　　　思考チェックツールの１つ。

そうそう、
こんな話やったな

そして、僕もよくマネージャーから言われましたよ。

構造化できてないじゃん。

これを聞くたびに僕はこう思った。

いやいや、中身がOKなら言い方的には「あとは構造化だけだね」でいいだろ。何故そんなに「構造化」の価値を無駄に上げてくるのよ？

弁当に詰め込む中身はもうできている。

タコウインナー、卵焼き、から揚げ、そしてラップを巻いたサンドウィッチ。

お母さんありがとう！

そしてあなたは、そんな素晴らしいお母さんに対して言えるのか？

「まだ詰めてないじゃん」
「詰め方、美しくないじゃん」

などと言えるのだろうか？

もしそんなこと言おうものなら、「だったらお前が詰めろ」と返されても反論はできませんよね？

そう、僕もこう言いたかったんです。

だったらお前が構造化しろ。

だから僕は、マネージャーになってからそんな発言をしたことはありません。

マネージャー2年目　＝「クライアントへ自分を売り込む」

そんなインプットは価値がゼロですからね。

とは言え、構造化に関する「正しい指摘の仕方」というものもあるんですよ。意識すべきことがある。

それは、

「この」構造化なのかな?

これ。

この意識、この指摘は最高に含蓄があるので使ってほしいのです。

ということで、ここで「構造化」の含蓄と言いますか、僕にとっての「構造化」についてまとめてみたいと思います!

1. 「構造化」には価値はない。それは「中身」の整理の仕方であって、「中身」は変わらん。だから、「構造化」の前に「中身」の磨き方を勉強せぇ。

2. 「構造化しなさい」と言うなら、「見せ方の問題だから、申し訳ないけど」と枕詞を付けて、「構造化してもらえるかな」くらいが丁度いい腰の低さだろ。

3. 先ほどの「構造化には価値がない」というのはMECE＝粒度の大小での「構造化」の話で、「聞く人の」既にある頭の構造での「構造化」を目指すなら価値がある。

4. 「聞く人の数だけ」構造化のやり方があり、「答えのないゲーム」のど真ん中。

5. だから、「この構造化なのかな？」は構造化を、答えのない
ゲームを理解している指摘。「構造化しなさい」はポンコツ。
「この構造化なのかな？」は神インプット。

6. 「この構造化」が作る方向は大きく３つある。
①「聞く人、見る人」の常日頃からの発言はどうだったか？
②当然だけど、これまでのクライアント／業界の慣習はどう
だったか？
③そんなこと気にせず、「今後の議論のしやすさ」ではどれが
ベストか？

7. 「この構造化なの？」を発言する人について行くが吉。「構
造化」はある意味、できる人かどうかのリトマス試験紙なのだ。

前作の緑ボンでは、「たかが構造化　VS　されど構造化」と叫ん
で構造化を叩きました。あの頃が懐かしいですね。

そしてこれからは、次の段階へ進んでください。

「構造化」との新しい付き合い方を始めましょうぞ！

51

「書かない」美学

VS

「書く」美学

何でもかんでも「書けばいい」
というものではない世界。

この話は本書の48番に出てきた「説得する技術」3原則の1つ目にも通ずることでございます。

一応再掲しておくとこれね。

---

1. 「説得」の最高形は何か？

= 相手が自然と気付き、理解して、昔から「私はこの考えだった」とはしゃがせる。

そうそう、そうなんです。まさに「何でもかんでも書いてしまったら」、これは実現できませんよね。相手が自ら気付いたっていうのを演出できない。

では、1つの典型的な例をご紹介しておきましょう。

皆さんは、「書く、書かない」の境界線って何だと思いますか？

---

1. 「説得する　VS　気付かせる」の場合。

例えば、グラフ・事例などのファクトベースに議論する際

に「このFACTから言える示唆」をわざと書かない。当然、こちら側として「示唆」を持っていることは当然だが、複数ある場合はあえて書かず「平場」で議論する。

2. 「書く VS 書かずに話す」の場合。

例えば、「今、検討している新規事業は筋が悪い」というのを書いて炎上させる「美学」もあるし、逆に書かず相手の反応を見ながら話し、相手が受け止めやすくする「美学」もある。

3. 「1人歩きする VS 1人歩きさせない」の場合。

例えば、何かを資料で説明したとき、その背景説明なしに、その資料だけが部署、会社を「1人歩き」する＝周知されることがある。そして、「1人歩き」することを前提に書くこともあるし、書かないこともある。

ほんと、マネージャーともなると色々考えることが増えますよね。その一つ一つを丁寧にやることが、インテレクチャルリーダーシップを発揮し、その先にある大きなゴール「自分を売る」につながってくるのです。

ところで、次のこともこれまでの話とつながってきます。

営業鉄則6
「先に」ニーズを聞くバカ。
「先に」不満を聞くポンコツ。

> 王者の「先出しジャンケン」で行くこと！＝「あえて書く」
>
> VS
>
> ロジック量グラフ
>
> ＝信頼が高まればロジック量は減る＝「あえて書かない」
>
> ↓
>
> 「書く、書かない」の境界線

　まさに、今回の「書く、書かない」の境界線ですよ。

　何にも情報がない中で考え切り、クライアントに対して「皆さんにはこれが必要だと思う」と先出しする。そのためにも「書く」。持ってきた資料に、印刷されていることに価値がある。

　それこそ、「攻め」の「書く」といった感じですよね。

　一方で、信頼が高まっていない、ロジック量を多めにしなければならないタイミングでは、あえて「書かない」＝下手なことを書いてしまい炎上してしまうくらいなら、相手の反応を見るために書かない。

　そんな戦略もあるわけだ。

　このように、テニュアが上がると「マネージャー」として視座が上がります。

平面的から立体的に考える。
それがマネージャー。

52

自分が考え切るまで議論しない

VS

考え切る前に議論をしてしまえ

今でも覚えている、BCGでお世話になった
MDの1人「井上潤吾さん」のお言葉。

井上さんは、僕とは異なり天才中の天才、中途でBCGに入社してあっという間にMDに上り詰めたお方です。その井上さん、そして佐々木さんとプロジェクトをご一緒したときの話なのですが、6月頭の「役員合宿」に向けて資料を作っており、GW直前に僕から井上さんと佐々木さんに資料をお送りしました。

そうしたら、数時間後に井上さんから次のような短文メールが全返信で返ってきたのです。

BCGクオリティに達してません。

ほんと、今でもあの時のことは忘れない。

「まじかぁ、どうしよう？」という気持ちでなく、

は？なんでやねん。
とカチンときて、ならばGWに1人で籠って、井上さんのBCGクオリティとやらを超えてやろうじゃないか！

と、4日間、1日12時間？もっとかな。オフィスに篭って1から

全部やり直しました。

　そして、その後に暫くして井上さんに連携したら、

　Good ！

という返事が来て、安心したを超えてガッツポーズしたのを鮮明
に覚えています。

　後日、何かのタイミングで井上さんにこの話をしたら、サラッと

あんな言い方をしたら、タカマツの性格からして火が つくだろうなぁと思ったからね。

　などと言われて、「ちぃ、読まれている。井上さんには勝てんなぁ」
と思ったものですよ。

　そんな井上さんから、唯一褒められたことがあるんです。
　それがこれ。

タカマツさんは、自分が考え切ったことしか議論してこない。考え切ってないことは笑顔で「それはまた今度」と言うよね。

あるいは、「議論したいことだけぶつけて、インプットをかっさらい、そそくさとミーティングを終える準備を始めるよね」とも。

これ、本当に大事な「マネージャーとしてのメンタリティ」だと思っています。

「考え切ってないこと」をMDなどの上位者、つまり「頭のよい人」と議論してしまうと、面倒なことしか起きず最悪の結末になりがちなんですよね。

> - 考え切ってない状態での「その場」の議論では絶対MDには勝てないので、基本的に「全部、MDの言うとおりに」となってしまう。そして、一度引き受けたら「文句はやり切ってから」が基本ルール。
>
> - 考えずに意見をもらってしまうと、インプット（情報、データなど）が増えても「その考え」をうまく進化できず、「MDの仮説のまま」で時が過ぎ去る。
>
> - それを繰り返すと、自分では考えない「MDの御用聞き」になってしまう。

だからマネージャーの矜持として、上位者＝コンサルで言えばMDと同時に考えてはいけないし、ましてや考えてもいないのに議

論してしまうなど具の骨頂なのだ。

何せ、

MDは次回のチームミーティングまで、このことについては考えません。だって忙しいから。

だから、そんなMDに最初の「0→1」部分というか、最初の思考＝「たたき台」を作らせてはいけないのです。

あくまで、「MDはインプットくれる人、今の考えを磨いてくれる人」だと思ってください。

僕はいつも、次のように思って「自分で考え切る」エネルギーを燃やしていました、

お金持ちになってしまった、偉くなってしまったMDに、消費者インサイトなど出せない。
民の気持ちは民の方がわかるに決まってんだろ！

そういえば、杉田さんとタクシーを乗っているときにこのことを話したら、苦い顔しながら何かぐちゃぐちゃ言ってましたわ。「俺もジョナサンに行くから」とか。

こういう付き合い方ができる、この距離感で入れるってほんと大事ですよね（このことは、第3章（3年目）で更に語りますよ）。

皆さんは「何枚目」ですか?

BCG時代から勝手にコンサルタント(もちろんマネージャー含む)を分類して、自分に鞭を打つというか、プロジェクト選びもそうですし、自分の思考力を磨いていました。

具体的には、

> 1枚目＝「どんなインダストリー」でも「戦略案件」ができる
> 2枚目＝「1つのインダストリー」なら「戦略案件」ができる
> 3枚目＝「1つのインダストリー」なら「インプリ(実行支援)
>   案件」ができる

などと、3つの「枚目」＝その当時は「箱」と表現していたものです。

1枚目の「箱」にプロットされる為には、思考のチャレンジが必要です。例えば、論点ワード、ワークプランをいち早く作り、上位

者（メンバーならマネージャー、マネージャーならMD）にぶつけてぐりぐりと議論を仕掛ける。

　一方で、思考のチャレンジを放棄し、過去のプロジェクトや、そもそも前職の経験などで培った知識（「エクスパティーズ」と格好つけて呼んでいる）で勝負し始めてしまうと、「1枚目」から「2枚目」、「3枚目」へと堕落してしまう。

なお、「脱落」ではなく「堕落」と書いたのは、それはすべて「技術、メンタリティ」だからです。

　このことは、コンサルタントに限った話ではないと思っています。

　事業会社でもファンドでも、会計士さんでも税理士さんでも何でもいいのですが、

「過去にやったことある」に依存した付加価値の出し方に甘えてないだろうか？

　「2枚目、3枚目」への堕落＝才能とかではなく、あくまで「努力不足」「悪い習慣」によって落ちてしまったのだ。なので、落ちない為にしていたことを箇条書きで書いていきたいと思います。

　なお、職業により表現のニュアンスは異なると思うので、そこはうまく解釈してくださいませ。

LOVE「1枚目」から2枚目、3枚目に堕落しない方法10！

1. 「俺がやれば全部、戦略案件」という気概。
   これはBCG時代の師匠である「藤岡さん」のお言葉。この

言葉は何度も発信してきたので、ご存じの方もいらっしゃるかもしれない。テーマに「戦略か、インプリか」があるのではなく、それを担うコンサルタントに「戦略思考があるか？ないか？」があるだけだというものです。ですので、先ほどの「1枚目、2枚目、3枚目」の定義に含まれた「戦略案件」の意味は、この意味で書かせてもらっています。

仮に、インプリ案件＝例えばITのPMO案件しかないファームがあったとしても、「1枚目、2枚目、3枚目」に区別されるし、ヘルスケア領域だけのファームにおいても、大きな括りでのインダストリーが同じだけで「過去やったプロジェクトならば」と読み替えてもらえればわかりやすいだろう。

まさに、藤岡さんイズムでございます。

2. つまり、「イジケナイ」＝案件やテーマのせいにしない。

1番を裏返しただけなのですが、大切なのであえて分けさせていただきました。

この「イジケナイ」というのは、前作緑ボンの「099 仕事が下手なだけ VS 仕事がつまらない」でも語らせていただきました。ほんと、イジケルのはプライベートだけにしたいものだぜ。

3. 「過去のプロジェクトの資料」は捨てる。

これができている人、本当に少ないと思う。僕はプロジェクトが終わるや否や、すべての資料を捨てていました。当然、物理的な「紙」の資料もですが、各WGの資料から、何から何まですべて捨てた。

僕は名刺も何もかも捨てていたのですが、これは本当に「思考を磨く」仕組みにつながったと思います。だって過去資料がなければ、それに頼ることは絶対にないからね。

　全部捨てちゃえば、すべてが「戦略案件」になるぜ！

4.　スライド1枚取っても「昔のスライドが使えないかな？」とか絶対しない。

　皆さんもやってませんか？　全プロジェクトのスライドをコピペして、中身を変えるとかしちゃっていませんか？　それこそが、「2枚目、3枚目」への堕落の始まりでございます。

　これについては、「1枚目、2枚目、3枚目」問題に関わらずコピーしてはなりません。何故かというと、論点が変わればスライドパターンも変わり、1つとして同じ論点はないからです。

　だから、「この前使ったツーパネを今回も使おう」とか言ってんじゃないよ！

5.　PowerPointなど作業用の「モニター画面」を使わない。

　これはBCG時代から声高に言っておりました。

　僕らの仕事はExcelやPowerPointじゃなくWordだ！

　だから気持ちはわかるけど、WordではなくExcelやPowerPoint作業が好きになるようなモニター画面を付けてはいけません。むしろ、ノートPCでやることでその作業が嫌いになり、作業する前に「考え切る」方向に仕向けろよと。

6. 「インテレクチャルリーダーシップ」がある人を選ぶ
（NOT 楽しそうなテーマ）。

　これは表現が難しいのですが、得てしてという話で言えば
次のVS。

　「頭の切れ味がいい人は嫌な奴　VS　いい人なんだけど、
頭の切れ味は普通ちょい上」

　これはあくまで「得てして」なんだけど、油断をすると甘
えて「いい人」を選んでしまう。だって、叱咤されたくない
ですからね。嫌味を言われてまで成長したくないわ！となっ
てしまいますからね。

　でも僕は、そこは貪欲に、そんな嫌味とかそういうのは小
さな話として「この人の"頭の使い方"が好き。身につけた
い！」という観点からプロジェクト選びをしておりました。

7. 「長期」ケースではなく「短期」ケースで勝負する。

　プロジェクトは最初が一番面倒くさい。クライアントとの
関係もできてなく、プロジェクトに関する知識もないからだ。
それは逆に、圧倒的に「プロジェクトの立ち上げ」は思考が
磨かれるとも言えるのです。

　そして、6か月よりも3か月の方が時間的制約があるため
濃くなる。「長期ケース」で腰を据えてもいいけど、「思考を
磨く」という点から言えば圧倒的に「短期ケース」なのです。

8. できれば、「00＝ゼロゼロケース 」に入る。

　ファームにとって初めてのクライアントのプロジェクトの
ことを、「ゼロゼロケース」と呼んでいました。そうなのよ、

これがすごく大変。

　ファームにとっても大事なことだし、今後も使い続けてもらうために期待値を大きく超えないとダメだし、何より面倒なのは「クライアントがコンサルを使うのに慣れてないので、デマンディングになり炎上しがち」なこと。

　だからこそ、クライアントに対してインテレクチャルリーダーシップを発揮し、「こんなにすごいのか！」と思わせるチャレンジングを起こすのです。

9.　常に傍らには「論点ワード」「ワークプラン」「ストーリーライン」＋「インプット材料」。

　どんな社内ミーティングでも必ず、この3＋1を持っていくことを忘れてはなりません。

・論点ワード

　プロジェクトの論点を言語化していることは当然のこと、次のWGはどの論点を議論し、前回からの追加は何かまで丁寧に追えるようにしておく。

・ワークプラン

　これまで＆これからの「TASK」をちゃんと議論できる＝「この論点を検討するためには、このTASKが必要だよね」「この論点が変わったということは、このTASKはこう変わりますよね」といった議論ができるようにしておく。

・ストーリーライン

　ストーリーと言うほど大げさなものではないけど、「現時点の答え」を語れるようにA4/1枚くらいにまとめておく。そ

して何よりも大事なのが、インプット材料。自分で調べた材料を、いつでもそれを出して議論できるようWordにまとめて持っておく。論点が変われば、今まで気に留めてないインプット材料＝記事などが価値を増す場合も多々ある。

10. 「チームの誰よりも」先に動く＝先出しじゃんけん。

　すべてのアウトプットに言えることですが、最初に言語化した人の手柄になります。だから、金曜日にクライアントミーティングが終われば、そのミーティングを受けた「論点ワード」「ワークプラン」「ストーリーライン」＋「インプット材料」を最速で更新するためなら休日でも働くのだ！

以上、こんな感じで過ごしていたものですよ。
一言でまとめるとこうなる↓

仕組み、仕掛けを作ることで、「思考を磨く」をさぼらせない。

皆さん、自分自身を甘やかしていませんか？
過去パッケージの再利用は堕落の始まりですよ！

その場で「瞬発力」

VS

持ち帰って「持久力」

「マネージャー」になり
最も変わったことの1つは何か?

昔から「この表現が気になって仕方がない」を超えて気持ち悪いと思っているのですが、皆さんはいかがですか? だって、「最も」と言ってるのに「変わったことの1つ」って、まるで他にもある風の表現。意味がわからない。気持ち悪い。

でも、よく考えてみると便利な表現だなこれ。

だって、

「最も」と途轍もなく強調したいんだけど、
それだけではないんだよね。

という時に、本当にぴったりなんですもん。

で、「マネージャーになり最も変わったこと。特にインテレクチャルリーダーシップ、自分を売るという観点で最も変わったこと」ですが、僕はこれだと思っています。

その場の「反射神経」で、
インサイトフルなことを言わねばならなくなったこと。

チームメンバー(BCGで言えばアソシエイト、シニアアソシエイ

ト、コンサルタント）の時は、今思えば本当に楽だったよね。だって、クライアントミーティングの「開始」まで頑張ればよかった。クライアントミーティングは極端に言えば、お休みモードといっても過言ではなく、MDとマネージャーに議論を任せればよかったから。

　自分の担当部分のプレゼンをすることはあっても、それ以降に行われる議論はMD、マネージャーが何とかしてくれる感が満ち溢れているからね。

　だから、ある意味「瞬発力」は求められてなくて、徹夜とかも含めれば時間に余裕があるので、「思考し続けられるか？」の、いわば「持久力」が試されていたとも言える。

　しかし、マネージャー（好きな言い方をすればケースリーダー）だとそうはいきません。

　クライアントのキーマンの目の前に座り、彼ら彼女らが放つ「予想もつかない」質問や議論について行かねばならないから、「瞬発力」が求められるようになるのですよ。

　だから、ここからは「では、どうやって瞬発力を身につけていくのか？」について語るのですが、その前に１つ、裏のメッセージをちゃんと受け取っていただきたい。

　それは、

マネージャー2年目になるまでは、「瞬発力」など気にすんな。

　これにつきます。

　ケース面接でのフェルミ推定対策をしているときに必ず「3分とか5分とかしか時間が与えられないので、その時間を気にして勉強すべきですよね？」と聞かれるのですが、僕はその度、

そんなわけねーだろ。
時間かけてもできないのに急げるわけねーだろ。

という主旨の内容を優しい口調で伝えております。

まずは時間を気にせずやりなさい。

思考スキルがなくても、

10分とか15分で思考がサチるから安心しなさい。

とね。

生産性とか効率のゲームをするのは百年早いのですよ。

『HUNTER×HUNTER』のネテロ会長の「感謝の正拳突き」と一緒。1回の正拳突きすらちゃんとできないのに、1日で終わらせよう、1時間で終わらせようなんて考えは浅はかなのだ。

だからくれぐれも、生産性とか効率のゲームをやり始めるタイミングを間違えないようにしてください。

それでは最後に、「瞬発力をどう身につけていくのか？」＝「瞬発力のつけ方7つ」について語りたいと思います。

---

1. 「瞬発力」は「頭の回転の速さ」もあるが、ほとんどがメンタリティで、次の3つの呪縛から解き放たれる必要がある。

　（ア）「その場で」考えるのができないのではなく、「その場で」考えることからそもそも逃げている。

　（イ）「その場で」出した結論と、「1週間後に」出した結論は大きく異なると思っている。

　（ウ）「その場で」出した結論と、「1週間後に」出した結論が真逆の結論になったら大問題だと思っている。

2. （ア）＝「持ち帰り、次回のWGで議論させてください」から始まり、「ケースバイケースですね」を通って、最後には「データ分析してみないと、調べてみないと何とも言えないですね」と逃げる準備をしている。

   そうなんだよね。聞いているときから「持って帰るぜベイビー」なのよ。それでは「瞬発力」は発揮できないし、ましてや磨くことなどできません。

3. （イ）＝人間の脳は本当によくできていると思います。そもそも科学的には知らないけど、僕らが感じる「時間感覚」で脳みそが動いているわけじゃない。彼らは「光の速さ」だ。だから、僕らの「たった」1分は、彼ら偉大なる脳の1年かもしれません。

   だからもうね、「直観」を信じてみようぜ！

4. （ウ）＝「答えのないゲーム」は炎上が付きものという角度からでもそうですし、「たたき台」があるから議論が始まるという角度でも、その後に考えて「真逆」でも、そこで答えた価値は計り知れません。

　以上、呪縛から解き放たれたところで、じゃあどうするのかについて語っていきますね。

5. （ア）＝「瞬発力」＝その場で考えるわけですから、「自分

251

が考えるときに自問する」フレーズを集めて、意識的に発しながら相手を巻き込んで思考する技を覚える。例えば、「こういう条件だったら〇、そうじゃなかったら×、というのが何かを中心に考えてみると、」（条件分岐で思考を深めるフレーズ）などを集めて、その場で話しながらクライアントを巻き込んで思考するのです。

6. （イ）＝これは簡単。居酒屋などに行ったときにメニューを独占し、「勝手に」その場で注文してしまう。そして、その注文に対する「皆の満足度」を検証してみてほしい。おそらく、不満はほとんどないでしょう。直観はいつも美しく正しいものなのです。

7. （ウ）＝本質的なことを言えば、「答えのないゲームをしているんだから、」と思えば答えが変わることなどOKなんだけど、それだと落ち着かないのであれば、必ずそのミーティングの次の日のどこかでその人とのミーティングを15分入れておけばいい。間違えたとしても、1日も経たずに訂正できる場を持つことは勇気につながります。

以上です。

ほんと、人生はメンタリティですよね。そしてビジネスはもっとメンタリティですよね。

55

アドリブは「準備から」

VS

アドリブは「NO準備」

プレゼンテーションもスピーチも、
「その場の」アドリブが成功を生む。

　「瞬発力」と近い表現なのですが、「アドリブ」はそれと少し作り方が違うなぁと思い、さらりとその話を語ってみたいと思います。そして、マネージャー2年目＝「クライアントへ自分を売り込む」を締めましょう。

　プレゼンテーションでも結婚式のスピーチでも、一番面白くないのは「書いてあることを読む」という行為です。

手元に資料があると、つまらない。

　はいはいはい、わかってますよ。
　この哲学は本書の31番「まずは読んでください　VS　書いてあることを読みあげる」にもつながりますよね。

　そう、パワーポイント資料の、特にエグゼクティブサマリーは本当に「読んで」もらうのが一番。

> 事前に配り読んできてもらう
>
> VS
>
> その場で丁寧に説明する

　当然、前者の「事前配り」は本当に最高です。

　誰かの説明を受けるという最も生産性が低い理解の方法を取らず、まずは「資料に書いてあることでわからないことありませんでしたか？」と質問起点で議論を開始できるし、そして何より「出席者の前向きさとやる気」を測ることができる。

　となるとだ。

　プレゼンテーション、スピーチの価値はもはや「アドリブ」しかなくなるとも言えます。そしてその時、絶対に誤解してほしくないのが本項のテーマであるこちらなのです。

> アドリブは「準備から」　VS　アドリブは「NO準備」

　プレゼンテーションでもスピーチでも、アドリブでいいことを言っている人も見ると誰しもこう思うんですよね。

よくもまあ、準備もせず 「その場」で思いついて話せるよなぁ。

　そして、つい自分でもこのように認識してしまう。

254

アドリブには準備はいらない。

とね。

でも、それが大きな間違いなのです。「NO準備」に見えちゃいますが、明らかにそれは間違い。逆なんですよ、全くの逆。

圧倒的に喋ることを準備しきった、頭が真っ白になっても話せるという心理的安全性が「アドリブ」を作る余裕を生む。

BCGの後輩の結婚式に出たときに衝撃的なシーンを目の当たりにして、「アドリブって周到な準備から生まれるんですね」と改めて思ったことがあります。それは、「御立さんがスピーチの練習を直前までしている」という様子を目の当たりにしたことです。

御立さんと言えば「プレゼンの神様で、修羅場をくぐりまくっている」というお方。その天下の御立さんまでもが、本番ぎりぎりまでぶつぶつ練習していたのだ。

そしてスピーチ本番になったら、その直前のスピーチの話を引用したり、観客を弄りながら話していた。

まさに、周到な準備から生まれた余裕がアドリブを生むのです。

マネージャーになると「プレゼンをする」機会は増えに増えます。

でもだからと言って、忙しさにかまけて「その場」で何とかしようとしてはダメ。

事前準備を、チームメンバーの見えないところでしまくっておくことを決して忘れない。

あるいは、「瞬発力」の話とつなげて言うとこうなります。

「瞬発力」を鍛えているからといって、それに頼り「準備を怠る」とアドリブは生まれない。

皆さん、コンサルのマネージャーになったくらいで天才のフリをしてはいけません。

フリをしたければ、陰で努力しようぜ！

さてさて、これでインテレクチャルリーダーシップからの「クライアントへ自分を売り込む」、マネージャー2年目も無事に終わりとなります。パチパチパチ。

あとは、残り1年分の「マネージャーの学び」を残すのみ。

楽しんで読んでくださいませ！

ビジネスモンスターへの道は
まだまだ遠いで

マネージャー編はやっぱきついわー
緑ボンの比じゃないっすわー

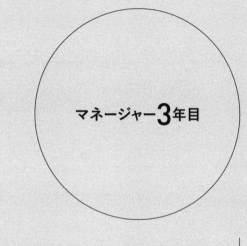

マネージャー3年目

＝「上をマネージ、下を愛す」

マネージャーの3年目こそ、字面通り「マネージャー」としての役割が問われるステージとなります。

　極端に言えば、ここまでは「クライアントに対して付加価値が出せればいいでしょ？」というスタンスだった。でも、この章からは更に1段上の「付加価値を狙うマネージャー」に進化していただきます。まさに、コンサルティングファームの「マネージャー」としての価値の「桁」が変わっていく、変わらなければいけない領域となるのです。

- 甘えてはならないぜ、「優しさ」のリーダーシップ！
- からの腕を磨け！ 頭の使い方で勝負、「インテレクチャルリーダーシップ」
- さぁ、ここから先はどうなるのだろうか？

　なお、「3年目」はビジネス／キャリアの岐路に立つ人も少なくありません。

「1人立ち」とも言えるマネージャーまで "がむしゃら" に来たけど、このまま続けていってよいのだろうか？

プロの世界＝UP or OUTの世界なんだけど、「他の道に進めば?」という空気と「上を見ればポンコツもいる」という慰めの間に、どう心を整えればいいのか？

あるいは他ファームに移る？ フリーコンサルになる?＝自由な働き方が悩みを複雑化させているじゃないか！

　そんな思いにも、僕なりに最後の方で応えております。
　ということで、前作の緑ボンから始まったこの「講義ストーリー」も、いよいよこの章で完結。

　いやぁ、マネージャー3年目も濃いよ。
　皆さん、お楽しみに！

56

「超」優しさのリーダーシップ

VS

インテレクチャルリーダーシップ

決して血も涙もないわけじゃなく、優しいよ。

丸2年が経ち、やっと「水の中から顔をあげられる」といった感じの3年目。マネージャーになり立場が変わり、そんな時にこそ次のVSを忘れないでほしい。

やりすぎと思われるかもだが「振り切る」

VS

「丁度良い塩梅」でやる

これは「変化する」とか「殻を打ち破る」ときに意識すべきVSなのですよ。

例えば、僕はBCGに入社してから丸々1年間、クライアントミーティングはもちろんのこと、社内のミーティングでも殆ど発言できないポンコツでした。「発言しないなら会議に出るな」とも言われるコンサル業界でだ。

だから、入社したのが4月で次の年末年始には明確に言われていました。

タカマツを採用したの誰だよ?
採用ミスだろ。

　その認識は正しすぎるほどパフォームしてなかったのだから仕方がない。

　でもそんな悶々としていた時期、メンターだった木村Tさんから言われたアドバイスに救われたのです。会社公認のメンターだったし、メンターと親睦を深めなよ!とバジェットを木村さんからもらっていたので、きっと会社的にはランチとか居酒屋に何度か行きなさいという意味だったと思う。

　でも実際は、予算を1回で使い切るほどの高級鮨屋さんに連れていってもらいました。そこで、僕の人生を変えるアドバイスをもらうことになるのです。

周りをさぁ、バカだと思いなよ。

　木村さんらしい、僕のことを思っての発言でした。

　実際、周りが東大やら何やらばかりだったので、僕のメンタリティとしては

そんな人たちに対して僕なんかが発言してもって、
皆さん思ってるでしょ?

　みたいな感じだった。だから発言できなかった。

　そこで木村さんからのアドバイスを昇華させ、

バカバッカ。

そう、「みんなバカバッカ」と心の中で唱えてミーティングに参加するようにしたのです。

　そのときに僕は「振り切った」のですよ。

　「この人には」とか「マネージャー以下には」とか、「丁度良い塩梅」＝丁度良い"バカバッカ"を実践するのではなく、全員丸ごと、圧倒的な差がありすぎる加藤さんとミーティングするときでさえも、

バカバッカ。

みんなバカバッカ。

　と唱えて、ミーティングで少しでも違和感があれば発言した。

そのうちに流れが変わり、会議の場で黙っていると

珍しいねタカマツさん。
意見、文句を何か言わないの?

などと、加藤さんに弄られるほどにまで変わりました。

「採用ミス」とまで言われた僕が、その半年後には「アーリー昇進したいんだろ?」と言われるまでに変われたわけですよ。

それが木村Tさんの"思いつき"なのか、はたまた僕のことを思いに思い考え抜かれた"アドバイス"なのかはわかりません。でも、

バカバッカ ✕ 振り切った

そう、何事も振り切ることが大事なのだ。

僕の柔術もそうなのよ。思いつきで「3年間で世界一になる」と決めてから、時間の使い方も「振り切った」のです。

> 行ける限り行く＝週6レッスン
>
> VS
>
> 日常に支障が出ないように＝週1,2レッスン

週1,2回のレッスンという、ビジネスパーソンとして「丁度良い塩梅」で練習するのではなく振り切る。行ける限り「道場に行く」という振り切りこそが人生を変えるのだ。

ということで、本書の「1年目〜2年目」もそうだったのです、皆さん覚えてますか?

記念すべき1番、本書最初の「VS」であるこちら。

インテレクチャルリーダーシップ

VS

「優しさの」リーダーシップ

これも同じなのです。

これまで違うマネージャー像、違うリーダーシップを目の当たりにして育ってきたし、自分ももしかしたら「優しさ」のリーダーシップに甘えてきたかもしれない。

そんなマネージャー像だったり「自分自身」を変えるには、振り切るしかないのです。

だから僕も、丸2年間振り切ってきた。

インテレクチャルリーダーシップに
振りに振り切った2年間。

ですので、これからマネージャーを目指す方はこれから語ることよりも、ここまでの55のVSを遵守することを最優先してください。

そして、自分の中で「インテレクチャルリーダーシップ」が板についてきた、馴染んできたなぁと思ったときに、これから語る話を自分の考え方や行動に取り込んでみてくださいませ。

それは、方向的には「優しさ」のリーダーシップ方面なのですが、「インテレクチャルリーダーシップ」磨きを超えて更に「新しい角度としての」「優しさ」のリーダーシップということで次のようにしてあります。

「超」優しさのリーダーシップ
VS
インテレクチャルリーダーシップ

これは「VS」というよりも、「＋」の意味となります。

せっかくインテレクチャルリーダーシップを持てたんだから、嫌な奴にならず「まさに」リーダーを目指しましょう。

よくいるのよ、コンサルティング界隈には。ケースの付加価値を出すし、それにめっちゃ貢献するし、コミットもするけど、すんげぇ「嫌な奴」が。そうなっても人生はつまらないので、そこも含めて磨いていきましょう。

なお、「超」優しさのリーダーシップは3方向に対してある。

「下」＝チームメンバー
「上」＝上司、MD
「クライアント」＝お客さん

この3方向に対しての「考え、メンタリティ、行動」について、これから書いて行きますからね。

さぁ、「超」優しさのリーダーシップの「3年目」の幕開けだ！

マネージャー3年目 ＝「上をマネージ、下を愛す」

265

57

人前で怒らない

VS

人前で怒る

散々、人前で怒られてきたけれど。

　マネージャーって本当に一体いくつマネージすりゃいいんだ？と叫びたいくらいに、「マネージ」せねばならないことが多いやろほんまに。

　論点、TASK、期限といった話から始まった「インテレクチャルリーダーシップ」。それだけでいいのかと思ったら、チームメンバー、MD、クライアントもマネージせねばならない。

　そして、何よりも大切なのは

「自分」をマネージする。

　そうなのよ。そして、その中で難しいのがこれだよね。

「怒り」をマネージする。

　そういえば以前、あの与沢翼さんが動画で語っていて「いやぁ、本当にその通り！」と思ったことがあります。それがこちら。

トラブルは人がモタラス。

だから、彼は自分の家族以外との交友を極端に制限していて、その動画でも明確に「友だちはいない」って言い切っているほどでした。

マネージャーになると関わる人が明確に増えるので、当然トラブルが増える。そしてイライラすることも増えます。

チームメンバーの頃だったら「イライラのイをムに変える」で収まったかもしれませんが、マネージャーともなるとそうはいかない。

とすれば、こう考えるしかないのです。

怒るのはいいとして、
せめてこれだけは守ろう。

怒りをゼロにできるのがベストだけど、僕はそんなに人間ができてない。だから、これだけはする！と思っていたことがあるんです。それは

人前では怒らない。

これ。これに尽きるのよね。

10回は観たであろう『ビリオンズ』の「ララ」が、次のように言ってくださっている。

気に入らない人がいたら、面と向かってその人だけに文句を言えばいい。そうすれば直そうとしてくれる。でも、みんなの前で攻めたら信用は足元から崩れ落ちるのよ。気がつけば独りぼっち。

これだ。まさに、ララ様のこの言葉通り。皆さんも『ビリオンズ シーズン1-1』の14分45秒を観て、直接言われてみてください。

ところで、「面と向かって言う」ためには移動しなければいけないし、その人を別途どこかに呼ぶことになる。そんなこんなしていると時間が経ち、怒りも不思議と風化してくるというメリットがあるし、そのうちこんな気持ちになります。

呼んでまで怒るのってバカくさ！

コンサルティングファームは「叱咤」「詰める」成分が他の業界よりも多いのだが、次のことについては結構守られている気がします。

MDがマネージャーを怒りたいときは
個別ミーティングでやる。

そうしてくれさえすれば、

マネージャーの「自信」は失われても、
マネージャーの「威信」だけは失われないのだ。

58

「プロアスリート」と見なす

VS

「面倒な生き物」と見なす

「面倒な生き物」であるMDとの
付き合い方の秘訣はこれに限る。

コンサル界隈、いや事業会社でも役員の皆さんと仕事をされている方だったら、みんなが賛同してくれることが1つある。

偉い人ってのは「面倒な生き物」。

僕を育ててくれたMDの方々をもう一度思い出してみても、本当にそう思います。

逆に言えばこういうことだ。

「面倒な生き物」だったからこそ偉くなれたのだ。

プライベートでの「面倒」とビジネスでの「面倒」は意味が大きく異なります。ビジネス上の「面倒」とは、「そんなことまで個性を発揮するわけ？」ということ。要は「拘る」わけですよ。

どうでもよさそうに思えることでも拘る。

これが「面倒」の諸悪の根源なんだけど、このときにコンサルタントや事業会社の偉い人と捉えているからモヤモヤするのだ。次のように捉えてほしい。

彼ら、彼女らはプロアスリートだと認識しちゃう。
そうすると合点がいく。

　格闘家も同じだし、プロ野球選手も同じだ。

　イチロー選手の「バットを１ミリだけ短くしてくれ」「自分以外が自分のバットを握ったら２度と使わない」みたいなエピソードを聞いても、何も思わないでしょ？

　「イチローって面倒だなぁ。１ミリなんてどうでもいいだろ！」とは絶対に思わないでしょ？

　MDが面倒なことを言ってきたら、それはイチローの１ミリなのだ。

　プロアスリートとはそういうものだと何となく肌感覚をもっていれば、スッと理解しやすいはず。

　そうそう、僕のブラジリアン柔術の師匠である石毛さんなんか、格闘家どころか「パンクラス」の世界チャンピオンです。だから、「そういう拘りってありましたか？」と聞いてみたら、

無い。
倒すのみ。

　と、おっしゃっていましたよ。石毛師匠はこういうところを含めて最強だったよなぁ。
　ということで、この言葉で締めさせていただきますね。

MDよ、プロアスリートとして扱ってあげるから
「腹」くらいへこませる努力をしなさい！

59

「間接的に」褒める
VS
「直接的に」褒める

「営業の鉄則」は
チームマネジメントにも通ずる。

第2章-2年目で話した8つの「営業の鉄則」ですが、あれはプロジェクトを「売る」だけでなく「メンバーマネジメント」にも通じています。いやそれどころか、

人心掌握術にもつながるのですよ。

これは、BCGの師匠の1人でもある市井さんから学んだことなんですが、それを聞いたときは本当にゾワッとしました。
その話をさらさらっと語りたいと思います。

改めて「営業の鉄則」って突き詰めると何なのかと考えると、濃い指針はこれだよね。

利害関係者から外れること。

これって、「誰かを褒めてモチベーションを高めさせる」という時にも同じ原理が応用できるんです。

例えば、チームメンバーを面と向かって褒めたとしましょう。「最近、調子いいね！」でも「あのスライド、切れ味よかったね！」でも何でもいい。そうすると、コンサルタントらしく「いささか斜に構えている」んだと、褒めてくれたんだ！と思うと同時に

何か、この後にお願いがあるのかな？
働かせすぎたから労ってくれるとか？
次のプロジェクトにアサインしたいからかな？

などと「裏」の意図を勘ぐり、100％褒めてくれたんだぁとはなりません。それはまさに、「褒める側」が「褒められる側」の利害関係者だからだ。

なので、100％ちゃんと褒めるには営業と同様、利害関係者から外れることが重要になってくるのです。

具体的にはどうしたらいいのか？
市井さんがぼそっと教えてくれたことですが、

褒めるときは「間接的」に褒める。

これです。
仮に誰かを褒めたければ、その人を直接褒めない。それだと「裏」があると思われるからね。
だから、その人と仲がいい人に「彼（彼女）は最近、成長しているね」とわざと伝えて、その仲がいい人から本人に伝わる。伝わることを狙う。

褒めるときは「間接的」に。
利害関係者から外れて褒める。

何かをプレゼントしたら、「何か、お願いしたいのかな？」と勘繰られてしまうかもしれない。「誉め言葉」も同じということですね。

　繰り返しになりますが、これが本当に真実なのです。

「利害関係者から外れる」を考えることが営業の鉄則だ！

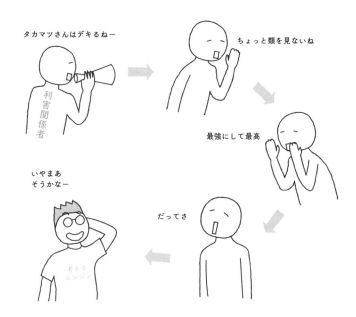

60

「どっちでもいいこと」を寄せる

vs

そここそ「個性」

「ソフトモヒカン」で
BCGに入社してはいけない。

　人生を必死で生きていると「あ～、やってしまった！」という場面が3年に1度くらい訪れますが、そんな人生を振り返ってみた結果「これぞミス中のミス」と思ったミスをタイトルでもデカデカと書かせいていただいた。

　それがこちら。

「ソフトモヒカン」ではなく
「七三」で入社すればよかった。

　入社前から「ソフトモヒカンの人が入るらしいよ」と、その当時は社員100人規模だったこともあり広がっていたらしい。そして、入社して1週間ほど経った頃、金融インダストリーのトップだったMDの北田さんからすれ違いざまにこう言われました。

お前、その髪型だったら
俺のケースには入れないからな。

　そして僕も、「はい、すいません」と言えばいいのに

望むところです。

　とさらに喧嘩を売るという愚行。

　そこから僕のBCGライフは始まったのです。

　結局、彼と働くことはなかったし、今でも嫌われていると思うけど、そんなスタートでも健やかに楽しくBCGライフを満喫できたので、本当にBCGは度量が広いというか何と言うか。

　標榜しておられる、

多様性からの連帯

を地で行っており、本当に大好きです。

　そして、入社したアソシエイト時代は全くもって理解できませんでしたが、マネージャーとなった頃には「北田さんが正しかったなぁ」と思えるようになった。

　ところで、BCGライフを通して一番言われたかもしれない言葉がこちらです。

少しは大人になれよ。
少しは大人になったな。

　何だよその「大人になる」ってさ？と考えたとき、身に染みた、しっくりきた、ビジネスで言うところの「大人になる」の定義がこちらでございます。

> 大人になる
> ＝「どっちでもいいこと」を寄せられるようになること。

　これなんだよね。常識を身につけることとか、長いものに巻かれることでは決してない。そんな「大人 イズ キング」的な定義ではさらさらない。

自分にとってそこまで重要ではない、どっちでもいいことを、注意されたからといって「自分に寄せてしまう」のがNOT大人。

「めちゃくちゃこだわりを持ちたいこと」以外は「どっちでもいいこと」なんで、「あなたに、そして世間に寄せますよ。だって、どちらでも僕の人生そんなに変わりませんから」とできるのが大人。

　プロジェクトの打ち上げで、50名を超える打ち上げで「ビールを注いで回ってください」と言われたとき。僕は「そんなこと、自分の仕事じゃない」と怒りくるったりしてたけど、これも同じですよね。

　そんなときはこう考える。

「それって、個性を発揮する話だっけ？」と自問すると、まぁ大体は「いや、そこまででも」という話だ。
だから相手に寄せる。

特に大事なのは、「それって、個性を発揮する話だっけ？」のフレーズです。

　コンサルのマネージャーといっても30代前後、早い人だと20代。シニアな皆さんから色々と言われることでしょう。そんなときは、この魔法のフレーズで自分の心を健やかにして、シニアな皆さんとの関係も健やかに保ってくださいね。

ありがとう北田さん。
フォーエバー北田さん。

いえ、これが自分的には
ビジネスカジュアルですから

仕事なめてるんか？

損得で考えるとメリット皆無なのに
なぜキミはそこにこだわるのか？

お祝いは手紙、電話

VS

メール、チャット

しているようでしていない。
できるようでできない。

　皆さんは誰かの昇進祝いなどがあった際、どのように祝福しているのだろうか？

　もちろん、一緒にいるときに話を聞く形でそのお祝いを聞いた場合は、その場で直接「おめでとう！」と伝えると思います。

　では、例えば次のような場合はどうするだろうか？

師匠である「佐々木さん」が
パートナー（MD）に昇進したと、全社メールが来た。

　例えば、そのメールを転送する形で佐々木さんにお祝いの気持ちを伝える。それも、「佐々木さん、ご昇進おめでとうございます。引き続き宜しくお願いします」みたいに。

それ、ほんとに最悪すぎるからやめろ。

　何故なら、その文章には何の愛も＝思考も詰まっていない。「ご昇進おめでとうございます。引き続き宜しくお願いします」は、心の底から祝いたいのではなく、

義務感というか、「お祝いメールをした」という
スタンプが欲しいだけの行為。

だからです。

では、どうすべきなのか？

これはもう一択ですよ。

手紙を書くか、
その場で電話をする。

この一択。

これ、一見すると普通にできそうだけど、周りを見てみると皆さんできないんですよね。

佐々木さんにお会いしてから、可愛がってもらってから、佐々木さんにお祝いできるタイミングが3回あったのですが、僕の行動はこんな感じでした。

・1回目

電話をかけた。

・2回目

9コマ漫画を漫画家さんに書いてもらってプレゼントした。

・3回目

手紙を書いて、仲間に頼んで佐々木さんの机の上に置いてもらった。

　こういう行動を何故とれるのか？ってのは、もちろん師匠だから、好きだからもありますが、もう少しドライな部分だけををくり抜くと次のようになります。

師匠に「おめでとうございます」と言える
タイミングなど滅多にないから。

　だからこそ、そのタイミングは絶対に逃さない。逃せない。
　もう少し視座を上げて言うと、

師匠に対してですらできないことを、
クライアントにできるはずがない。

　と思っています。
　逆に言うと、面倒くさい生き物の「MD」に対してやれれば、ク

ライアントにも絶対できる。

　大事なことなので、もう一度書いておきますね。

師匠に、上司に「おめでとうございます」と言える タイミングなど滅多にない。

　そうそう、「考えるエンジン講座」の生徒の諸君。
　師匠である私に「おめでとうございます」って言える機会は少ないんだから、この本の出版を機会に「おめでとうございます」と手紙、電話してきてもいいんだぜ。
　そうすると多分、

距離が縮まる。
そのうえ、一番弟子になれるんだぜ。

　皆さんも、自分の周りの「師匠」筋の人にやってみましょ。

62

その時、その瞬間

VS

日を改めて

世の中はタイミング。
事業もそうだが「祝福」も。

お祝いのメッセージは当然、「手紙」か「電話」でしょ！という話ができたので、そのついでにこの話もしておきたい。

ビジネスもそうですが、人生もしかり、何かにチャレンジしている限りは

「喜怒哀楽」と戯れる。

それは他人も同じで、皆さんが接しているチームメンバーもMDもクライアントも、「喜怒哀楽」と戯れながら生きていることになります。

「コンサル現場でよくあること」で言うと、こんな場面。

喜：チームメンバーなど、関係者が昇進して喜んでいる。

怒：クライアントがチームのパフォーマンスに満足しておらず、イライラしている。

哀：提案がうまくいかなかった、昇進できなかった、投資が役員会議を通過しなかった。

楽：（いざ考えてみると、「喜」と「楽」って何が違うんだろ？）

マネージャー3年目　＝「上をマネージ、下を愛す」

283

だから、もし自分の関係者に「喜怒哀楽」が起きたら間髪入れずに動くのが得策なのだ。

　祝うのであれば、その人がその話をしたい、褒められたいであろう「今」に連絡すべきです。決して、次の言葉をメッセージにしてはダメですからね。

おめでとうございます。
日を改めて、お祝いをさせてください。

　『HUNTER×HUNTER』のクラピカじゃないんだから、祝う頃にはその気持ちが「風化」してしまうでしょう。

いいかげん、風化せえや

旅団1　旅団2　旅団3　旅団4

クラピカ

生涯、追い続けたる！

　クライアントが今日のミーティングで不機嫌な顔をして席を立ち、そこでミーティングが終わったとしたら、次回のミーティングで取り戻そうと意気込んで終わりではいけないのですよ。

クライアントが自席に戻って次の仕事に取りかかる前に、メールとかではなく「電話」する。

　可能ならその日の夜中でも個別に時間をもらい、お小言を言われるべきなのだ。

嬉しい気持ちは日に日に風化してしまうが、怒る気持ちは日に日に増大する。そして気まずくなる。

　だから何事もため込まず、間髪入れずに動く。
　これが大吉。

63

「スキル」の師匠
VS
「人生の」師匠

「師匠」の作り方も
それはもちろん技術となります。

　コンサルタントの世界は通常の事業会社よりも「徒弟制度」の文化があり、「いかに師匠を作るか？」ということもコンサルライフに大きな影響を及ぼします。

　「運」の要素も多分にあるのですが、いきなり目の前にぶら下がる「チャンス」を勝ち取るのは「技術」であり、前もって思考していくことがすごく大事（その辺の詳しい話は、タカマツボン1冊目『変える技術、考える技術』の第2章P141に書いてありますので、ぜひとも読んでみてください）。

　僕の場合は運とチャームが功を奏して、コンサルタントとしての師匠を超えて「人生の師匠」に出会うことができ、本当にラッキーだったなぁと思っております。

　しかし、この話をすると必ず生徒の皆さんが言うのがこれ。

そんな師匠になってほしい人も上司も
見当たりません。

　そんなことを言う人に対して、僕から贈る3つのアドバイスがこちらです。

1. 人生全体の「師匠」ではなく、ある1つの「スキル」師匠を探すことから始める。

　「あの人のプレゼンスキルを身につけたい。盗みたい。けど、あの人って性格悪そうだからなぁ」くらいの人でいいのです。別に最初から「人生」のアドバイスをもらう師匠でなくてもいいのです。まずは、「スキル」師匠を探しましょう。

2. 色々なスキルを学びたい気持ちはわかるけど、師匠は1人にする。

　教える立場として「あの人の考え方とは違う」「習ったのと違う」と思われるのは、嫌だを超えて面倒なのです。だから1人に絞ってください。そして、そのスキルを身につけたら上手くフェードアウトして、違う師匠を探しに出かけましょう。

3.「遠目」（噂等を含む）から見てもその人の本質は見えない。まずは「距離」を縮める。

　人生としてもスキルとしても「師匠」になってほしい人がいない！と思っても、それは「遠目で見てるから」かもしれません。だからとりあえず、直観でも相対感でも何でも構いませんので、それを信じて誰か1人を決めてしまいましょう。距離が縮まらないと、よいも悪いもわかりませんよ。

　以上、皆さんも是非とも、仕事の腕を磨く意味でも、仕事を健やかに楽しむためという意味でも、よい師匠を探すことに対してポジティブに動いてみてくださいね。

マネージャー3年目　＝「上をマネージ 下を愛す」

64

社外FYIの「裏」

vs

社外FYIの「表」

前作緑ボンに出てきたFYIも、内から外へ。

もちろん、皆さまもご存じであろうFYI。
略さずに言うとこれですよこれ。

For Your Information.

これは社内に対してを中心に「こんな情報、記事がありました
よ！」と共有することを指し、その件名に「FYI)」を付けてメッ
セージを送信する。そういう話でしたよね。
　社内だけでなく社外＝これまでのプロジェクトでお世話になった
人に対して、

FYI) 新規事業のアイデアの繋がりそうなスタートアップの
サービスリリース記事

　ご無沙汰しています。
　そういえば、北川さんによさげな記事がありますので連携
させてもらいますね。

こんな感じで送るわけです。

と、ここまでは前作の緑ボンでも語ったこと。

今回は、その先について少し追加させてもらいますね。

この「社外」の方へのFYIですが、実は根底に次の哲学が流れております。

利害関係者から外れる。

そうなんです。プロジェクト中にこれをやったとしても、「そりゃ仕事でしょ！」と思われるだけ。まさに、これと同じですよ。

初回ホストで「かわいいね」って褒めてくれるのと一緒=ただただ、次回来てほしいから褒めるだけ。

例えそこに「愛」があったとしても伝わりません。

でも、プロジェクトを今やっていないのに連絡すれば、本気で自分たちの事業を考えてくれているんだ！と思ってくれるでしょう。
だからこそ、

商人魂を燃やして、

　愛があると思わせるために社外FYIをする。

　これがMUSTなのです。

　そうそう、初回に担当になったホストさんがネイルに来てくれたとしたら、それは「社外FYI」＝「あのときに言ったことは嘘じゃないんだよ」と証明する為に来ている可能性が大。
　騙されないように！

社外FYIは1つの営業ツールだぜ。
「裏」に下心あり！

65

社長になる前
VS
社長になった後

「下心」が見えたら何も売れない。

　本書オレンジボンを書いてみて、改めて思い知らされました。皆さんも感じていると思いますが、本当にこれって大事ですよね。

> **利害関係者から外れる。**

　コンサルのプロジェクトというものは、値段的にも、形がないという意味でも、意思決定できる立場の人に対して営業する必要があります。なので、どうしても

よっ！ 社長！

的な営業をすることになる。
その際、絶対に意識しなければいけないことがあります。
それはこれ。

社長になった後では手遅れ。
いかに「社長になる前」に距離を詰められるか！

もうおわかりだと思いますが、「社長になった」から営業している
と思われてしまってはダメなのです。それだと「利害関係者のど真
ん中」どころか、

おまえ、私のことが「お金」に見えているだろ?

とすら思われてしまう。それでは売れるわけがありません。
ですので、

偉くなる前にツバつけろ。

　これは杉田さんと「あら喜」で飲んでいるときに聞いた話なので
すが、杉田さんのBCG時代のクライアント、その中でもコア顧客
(=プロジェクトを買ってくれる、意思決定権者)は、相手が社長と
か役員になってから仲良くなったのでなく、課長のころに仲良く
なっていたそうです。
　その課長も上り詰めておられたわけですから、トップはトップを
かぎ分ける嗅覚があるんでしょうね。

　これはプライベートでも同じこと。
　有名になってから近づいても、「ふんっ!金の亡者め!」と無下に
扱われてしまう可能性が大なのです。

だから皆さん。
ビジネス的にも人生的にも
その嗅覚を磨いていきましょう!

66

マイクロマネジメント
VS
放置・放任マネジメント

最強の左ストレートも、
右のジャブがないと当たらない。

　ボクシングもそうですし、もちろんブラジリアン柔術にサッカーにも、そしてマネジメントにも通じることがあります。
　それは何かと言いますと、

2つ以上のスタイル／武器、手札を持っていないと「それだけしかできない人」になってしまい、それでは武器にならない。

一方で2つ以上持ったときは、片方の武器は最弱だったとしても、「得意の武器」のほうが今まで以上に最強となる。

　これ。
　サッカーなら「左足の使い方がえらいハイレベルだったとしても、それだけだと読まれる。でも右足を少しでも使えれば、それがフェイントにもなり、より左足が活きる」ということですね。
　そしてこのことは、マネジメントにおいても同じなのですよ。

マネジメントスタイルには、大別して次の2種類があります。

マイクロマネジメント
VS
放置・放任マネジメント

もっと詳しく書くとこうなる。

チームメンバーには嫌がられがちだけど、時間も結構取られるけど、アウトプットは出やすい「マイクロマネジメント」

VS

チームメンバーが自由にできて喜ばれがちだし、管理工数もかからないけど、アウトプットのクオリティ担保が難しい「放置・放任マネジメント」

　僕の感覚では、マネージャーになりたては「自分でやるのとやらせるのとでは、大きなギャップがある」と感じているので、得てしてマイクロマネジメントの方に偏重してしまいがち。

　マネージャーとして「クライアントに付加価値を出すこと」が最も大事なので、最初はそれで構いません。しかしマネージャー3年目ともなると、チームメンバーからは次のように見られたいのです。

基本的には「マイクロマネジメント」するスタイルだけど、放置プレイ（放任主義）の時もあるよね、あのマネージャー。

　マネージャーとしては本当に「この2つ」を使えるようになるべきというか、チームメンバーから見たときに「2つのマネジメントスタイルを使えるマネージャー」と見えていることが健やかな関係につながります。

　「2つのマネジメントスタイルを使えるマネージャー」として見られていれば、仮にマイクロマネジメントしていても次のように捉えてくれるでしょう。

ケースが難しく安定していない。もう少し言えば、我々チームメンバーがまだまだ。
だから、マネージャーはマイクロマネジメントを選んでやっているのだろう。

　仮に、チームメンバーがマイクロマネジメントを嫌がっていたとしても、このように捉えてくれるのですよ。

　「いちいち管理しやがって」のイライラの半分が「まぁ僕らのせいだからな」になってくれるという大吉。

　あるいは、放任・放置マネジメントでも次のように捉えてくれる。

ケースが安定している。もう少し言えば、我々チームメンバーの調子がいいから、「放任・放置マネジメント」を選んでいるのだろう。

　仮に、チームメンバーが「放任・放置マネジメント」に不満を感じたとしても、こう捉えてくれるわけでございます。

「あの人って何にもしないじゃん」のイライラの半分が「まぁ僕らのおかげじゃん」になってくれるという大吉。

　このように、「半分、50%」がチームメンバーの"せい"／"おかげ"となることにより、チームメンバーとの関係は本当に健やかになります。
　だから皆さん、

「こっちもできるんだね！」という
マネージャーになりましょう。

進化!「良い」PMO

VS

「悪い」PMO

マイクロマネジメントにも
「良い・悪い」がございます。

　マイクロマネジメント「にも」という表現でピンっと来たかもしれませんが、この話はもちろん次のVSにつながっていきます。

> 「良い」PMO　VS　「悪い」PMO

　実は、このVSについては前作緑ボンの068（P237）でも書かせてもらってます。

　PMOは「プロジェクト」に対してマネジメントすることですから、それはチームメンバーからすれば「マイクロマネジメント（または、放任・放置マネジメント）」になりますよね。

　少し被る部分もありますが、これまで語ってきたことを踏まえてもう一度、ちゃんとしておきましょう。

　というのも世の中って、戦略を作るとか、新規事業を作るとか、そういうのばかりに日が当たり羨望されがちですが、偉大なインパクトを生むためには圧倒的に

PMOしだい

ですよね。だから本当にPMOは大事だよねってことで、ここか
らは

「良い」PMOを行う為の8つの指針

について語りに語りたいと思います。

偉大するぎるぜ、PMO！
好きだぜ、PMOマン！

① PMOも当然、「優しさのリーダシップ」でなく「インテレク
チャルリーダーシップ」でなので、チームをリードする意識は
忘れない。

- 「頑張ってください！」などとモチベーションを鼓舞する
  PMOなど要りませんからね。甘えないこと。ミーティング
  では手ぶらで価値を出しましょう。
- そして、PMOメンバーから「会議すると頭が整って最高
  です」と言われるようになりましょう。今日からあなたは
  PMO界のサウナだ！

② 何をマネジメントするのか？と言えば、当然「論点」。マネ
ジメントするチーム／プロジェクトが解くべき「問い」は何
か？をマネジメントする。

- だからこそ、作るべきは「論点ワード」となりますよね。
  もう皆さんのPMOスタイルは、こうしてしまえばいいと
  思います。
- 論点ワードを必ず、週初めに連携し、道中何かあれば相

談に乗る。そして、金曜日に進捗確認MTGをセットして、「どの論点が検討済みで、その答えは何か？」を確認しましょう。

③　PMOの場合、関与する人数も多いので、プラスして2つのアウトプット＝ワークプラン、WBSを効果的に使わなければならない。

- ワークプランは「論点、サブ論点、サブサブ論点」＋「TASK」が書いてあるアウトプットです。
- WBSは「TASK」＋「スケジュール、期限」が書いてあるアウトプットです。

④　「ワークプラン」はプロジェクトのリーダー、各チームのリーダーとひざ詰めで議論をするときに使う。

- 「論点、サブ論点、サブサブ論点」は深い議論となるため、WBを目の前に少人数＝結果的に上位者とやるときにワークプランは大活躍します。
- システム開発のPMOの場合は、システムだけでなく事業についても議論できる人を入れましょう。

⑤　「WBS」はプロジェクトのTASKの漏れチェックであり議論には適さないから、ルール、仕組み化で更新されていく形を目指すのが吉。

- 愚の骨頂なのは、全員が集まり順番に「今週の進捗は〜」と報告していくミーティングの際に使うこと。あれほど無駄な時間はありません。

- PMO案件の最大の罠は、この「進捗報告ミーティング」をいかに減らすか＝WBSを使ったミーティングを減らすかです。

⑥ そして、すべてのミーティングには「正しい議論の順番」がある。それは［ロ →サ（サ^2）→T→ス →作→ア］の左から必ず議論を行うこと。

- 論点を確認し、サブ論点、サブサブ論点を明確にすることから必ず始まります。これがうまく行ってなければ、後工程は無意味です。
- その上でTASKの議論に入るわけですが、必ず「このTASKはこの論点（サブ論点、サブサブ論点）に紐づく」というのを意識した議論をします。
- スケジュール（≒期限）の議論もTASKの「工数」で考えるのではなく、この論点（サブ論点、サブサブ論点）の重要度で優先順位付けをすべきです。
- 作業も常に「どの論点（サブ論点、サブサブ論点）に答えを出しにいっているのか？」だし、アウトプットも「このスライドはどの論点（サブ論点、サブサブ論点）に対応するのか？」を意識してください。

⑦ PMO会議の参加者には、「進捗確認、赤信号を説明する」といった気持ちではなく、自分の担当領域について［ロ →サ（サ^2）→T→ス →作→ア］について議論させられる「緊張感」を与えること。それがPMO運営。

- 進捗報告では、「すいません、遅延です。遅延理由は作業の遅れです」と言いつつ適当な期限を言っておけば、その

場はやり過ごせるなどと思わせてはいけません。

- 　自分の領域について「ただの進捗報告ではなく、本質的な議論をやらなければならない。だから当然、事前に考えなければついていけない」と思わせ、よい緊張感を与えるのがベストです。

⑧　叩かれる理由は、「進捗が遅れているから」ではなく「［ロ→サ（サ^2）→T］を考え切れていないから」にすべき。

- 　進捗について叩いても、おそらく今できることはありません。だからそのうち、遅れていることも隠すようになってしまい、本末転倒なことが起き始めます。
- 　一方で、［ロ→サ（サ^2）→T→ス→作→ア］が、特に前半の［ロ→サ（サ^2）→T］が十分に練り込まれていないことはすぐに取り返せます。だから、そこを叩くが最大効率なのです。

以上、いかがでしたか？
それでは最後に、

「良い」マイクロマネジメント
VS
「悪い」マイクロマネジメント

こちらについて、さらりと語って締めたいと思います。

プライベートも含めて、管理させることは苦痛でしかない。

　ですので、マイクロマネジメントも全体的な方向としては「うざ！」ってことになってしまう。だらこそ、マイクロマネジメントには注意が必要なのですよ。

　マイクロマネジメントを行う際に、自問すべき問いが1つだけあります。

　それは

このミーティングは「自分の為」か、
はたまた、「チームメンバーの為」か。

　これに尽きる。

何となくの「不安」を解消するためだけに会議をする。その連続が、悪いマイクロマネジメントです。

　それが自分の為。

　そうではなくて、

チームメンバーが迷わない、健やかにできる為に会議をする。その連続が、良いマイクロマネジメントです。

　それがチームメンバーの為。

　ですので、もしどうしても「悪いマイクロマネジメント」な会議をしなければならないときは必ず、この一言から会議を始めましょう。

ごめんね。忙しいところ時間を取ってしまって。
僕が進捗を知りたいだけなんで、ほんとにごめんね。

「良い」PMOと「悪い」PMO。
「良い」マイクロマネジメントと
「悪い」マイクロマネジメント。

自分はどちらなのか？
　一度、立ち止まって考えてみてくださいませ！

村、村人、村長

vs

プロジェクト、プロジェクトメンバー、リードコンサル

「村」を作る。村を作るべ。

　コンサルティングファームで過ごしていると、たびたび聞くのが「村」という概念。村というのは何か？について説明するとですね、次のようになります。

> 　自分でプロジェクトをちゃんと売れるようになると作れる「村」。

> 　MDに「使えるから囲いたい」と思われたら、入る／住む権限をもらえる「村人」。

> 　いつかは村を作るべく、契りをかわしたMDの村を仕切る「村長」。

　ちなみに、プロジェクトを売る、責任を持つ＝MDの名前が村の名前となります。

　例えば、僕もBCG時代にお世話になったMDの市井さんの名前の村＝市井村があり、その市井村の中に、市井さんが各テニュアごとに「こいつはできるし相性がいいからプロジェクトに入れたい！」と思った人たちがいて、かつその人たちも「入りたい！」となった場合に、彼ら・彼女らがその村に住む村人となる。

　そして、僕の中では「村」自体がMD／市井さんとなるイメージなので、その村にいる、最もテニュアが高い＝イメージで言えば「最近MDになったばかりの若手MD」が市井村を運営するということで、「村長」って感じになります。

マネージャー＝「村」を作ること にはなりませんが、そろそろ「どの村に所属するかな?」を考える時期ではあります。

　だからマネージャーになった頃には、どのMDについて行くべきかについて考えることになるのです。

　そしてさらに言うと、もう少し長期的な視点で物事を考える必要もある。

　自分が「村」を持つ、いや、その前に「村長」になるときに自分を助けてくれる／一緒にケースをしてくれるチームメンバーが「村人」になるわけですから、マネージャーとしても「村」を作る前段階で動いておかねばなりません。

　例えば、自分がマネージャーからシニアマネージャーに昇進したときに、その同じタイミングでコンサルからマネージャーに昇進させるようなチームメンバーを作っていく必要がある。そんな感じです。

だからマネージャー3年目ともなれば、プロジェクト、プロジェクトメンバー、リードコンサルタントという「プロジェクト単位」の関係から、将来の「村」「村人」「村長」を意識してコンサルライフを過ごすのだ。

これはコンサルでなくとも、事業会社的に言えば「派閥」みたいなものですかね。そしてコンサルの場合、これが面白い＆よい文化だなと思うのが、

「村人」にあたるチームメンバーを担うテニュア（コンサルタントやアソシエイト）は、複数の「村」に所属できること。

つまり、市井村に所属しながら佐々木村にも所属できるわけで。

　とはいえ「村長」は兼務できないので、MDを目指すタイミングになると、どれか1つの村に所属することになるし、その選択を迫られることになるんですけどね。

　ただただ「プロジェクトで付加価値を出してればいい時代」を超え、自分の「村」を作る為の第一歩を踏み出さねばならないのがマネージャー後半。
　だから皆さんも、この言葉を自分に問うてみましょうぞ。

あなたの「村」に入ってくれそうな、チームメンバーの顔が浮かびますか?

69

ロイヤリティは「排他から生まれる」

VS

ロイヤリティは「贔屓、いいことから生まれる」

「村」＝コミュニティのロイヤリティは
どこから来るのか？

マネージャーも後半になると、「村」＝一緒に偉くなっていくぜ！なチームを持つ意識を持ち、小さい「村」＝コミュニティを持ち始めると、次に考えるべきはこのお話ですよね。

ロイヤリティ。
直訳すると「忠誠心」だが、そこまでは行かないけど、7対3くらいで同じ方向を向いてくれる師弟関係。

これを育む必要があります。
そのときに覚えておいてほしいことがある。
これは村でもコミュニティサロンでも、それこそ会社でもそうなのですが、そのコミュニティのロイヤリティを高めるのは何か？ということでございます。
例えば、周りを見てみるとこういう人がいたりする。

コミュニティメンバーだけに何かをGIVEする方向でロイヤリティを高めようとする。

いやぁ、これは本当に「スジが悪い」ですよ。本当に。

　これは一時的にロイヤリティが上がるだけで、恒久なロイヤリティは育めません。

　それは何故か？

　人間ってのはすぐ慣れるから。

　当たり前だと思いやがるから。

　ポンコツであればあるほど、すぐに「してくれて当たり前」な思考が広がってしまう。

　この特性は本当にコンサルに限らず、人生にも活きる教訓よね。

　ではそうすればいいのかというと、これなんです。

排他。
「このコミュニティには入れなかったんだよ」という排他がロイヤリティを濃くする。

　本当にこれ。コミュニティを濃くするのは「贔屓よりも排他」なのですよ。

　なので、「このコミュニティには入れなかったよ」「入れてもらえなかった」という事象を定期的にわざと起こして、それが間接的に耳に入る構造をいかに作れるかなのである。

　利害関係者から外れた人から、

村に入れてくださいよぉって言ったら、
暗に断られたんですよね。

　などと言われたとき、村人は心の中でにんまりする。

　この「にんまり」がロイヤリティにつながるのよね。

ビジネスパーソンとしてキャリアを重ねると何かしらの「村」「派閥」「マフィア」を作り、健やかにインパクトある仕事ができるようにすることになる。

　だから皆さん、覚えておいてくださいね。

ロイヤリティは「排他から生まれる」。

人生で初めて直面する
強烈な排他ロイヤリティって
スクールカースト
ですよね

70

自然とは偉くならない

VS

（真面目にやっていれば）自然と偉くなる

「自然と偉くなる」と思っていませんか？

　これはコンサルよりも事業会社、スタートアップの方が色濃い話なのですが、入社したあと、そうですね、事業会社なら10年＝「課長代理」になるころまでは基本、同期との差はほぼつきません。なので、いつの間にか自然とこのように思ってしまいがち。

ひた向きに頑張っていれば、自然と偉くなる！

　しかしながら、当然そんなわけないのですよ。
　このことを理解しておくのが本当に大事。
　コンサルでもそれは少なからずあります。

　コンサルの場合、「村」を意識し、村人となり、村長を目指す。
　そして、コンサルタントの最高位＝MDを目指す。

　事業会社で言う「課長代理」が、コンサルで言うところの「マネージャー」という感じですので、マネージャーまでは腕を磨けばよかった。それだけでよかった。

311

でも、ここからは自分に問いかけ、奮い立たせなければなりません。

自然とは偉くならない。

だから僕は、皆さんに伝授しておきたいのです。

「自然とは偉くならない」からこそ
知っておきたい8つの対策！

これをね。

---

1. 現実を直視する。
　「知らなくていいことも世の中にはある」を痛感。
　課長代理とか主任とか、そういう役職で見ていても「一緒だね」という感じなので、「どんだけ差がついているのか？」については歯を食いしばって現実を見に行くしかありません。
　なので、同期の評価シートやボーナス査定（＋その時の説明のされ方）などを積極的に取りにいくしかないのだ。もちろん、そんなものを人は見せたくないから、「同期、同世代の」エースを捕まえて見せてもらおう。

---

2. 危機感を醸成する。
　「あの人になっちゃうのか？」は染み渡る。
　自分の未来を想像し、それも「危機感につながる」ほどに想像できたら、その人はとっくに勝っている。でも普通はできない。未来って、ケセラセラだからね。

なので、周りに見つけるしかないんよ。「こいつにはなりたくないぜ、こんな人にはなりたくないぜ」を。これが本当に、危機感を最大級に煽ってくれます。

3. 逃げの言葉を集める。
　「偉くなりたいわけじゃない」とかを収集。
　人間は「弱い」どころか「弱すぎる」ので、どういう角度からも「言い訳」「逃げ道」を思いつけるようにできています。だから、先に「こういう発言したら逃げているなぁ」を集めて、バカにしておくのが吉。
　例えば、代表的な「逃げの言葉」には次のようなものがあります。
- 「偉くなりたいわけじゃない」
- 「別に、この会社にずっといるわけじゃないし」
- 「上に媚びてまではなろうとは思わない」
- 「マネジメントとかしたくない」
- 「現場でやっていたい」
　こういう発言している奴がいたら大げさに詰める。
　それが、自分への詰めとなるのです。

　と、ここまででも十分に「精神的に整った」と思いますが、こんなもんじゃない。
　ここから更に、「知的に」整えて行きます。

4. 昇進の仕組みを詳らかにする。
　「ゲームのルールを知り、攻略する」が基本。

オセロでもブラジリアン柔術でも「ルール」を知らないと勝てない。というより負ける。無駄に負ける。

だから、偉くなる＝昇格、昇進なので、そのルールを知っておかねばなりません。

- どういう会議体で決めるのか？
- どういう資料がもとになっていて、誰がその会議体の長なのか？
- 評価基準はどうなのか？
- どの役職（テニュア）までは上がりやすくて、どの昇格からが勝負なのか？

というように、丁寧に情報収集して「昇格」戦略を練るべきなのだ。

ルールを知らないとか、まさに「自然とは偉くなる」と思っている証拠ですよね。

5.「エース」ルートを集める。

「エースはこの部署を通る」は必ず存在する。

もちろん「特例」はあるが、必ず存在する規定ルート、偉くなる人が通る部署、つまりエース部署。例えば、「人事部人事企画」とかね。社員の評価をベースに人事異動を考えることがミッションである為、その部署にはエースが集う。何故なら、社員の評価を見たときに自分がトップ評価じゃないと、嫉妬や恨みなどのマイナス感情を持ちやすいからです。

評価がトップの社員を配属する。そんな「エース部署」は必ず存在するので、ぜひとも探ってください。

6.「ボーナス」の計算式から示唆を取る。

　「会社が大事にしていること」を探る。

　「偉くなる」ためには、会社の方向性に沿ってエネルギーを割かないといけません。頑張ったとしても「いや、それって今、うちの会社の方針と違うのよ」ってなってしまったら、偉くなれるわけがない。

　で、有効な方針を示してくれるのが「ボーナスの計算式」でございます。営業であれば、「新規獲得VS既存クライアント」のどちらに比重があるのか？とかね。

7.「ホワイト化」を逆手に取る。

　「いざってときに逃げないキャラクター」を作る。

　会社の次は、「上司」の方向性に沿ってエネルギーを割かないといけません。その中でも大事なのは、上司から「いざってときに逃げない」と思われているかどうか。

　何かの時に「今夜は私用がありまして…」や「土日はプライベートなんで…」などと言いそうな人は、上司としてもbetしづらい。現代は総じてホワイト化が進み、そんなことを言いそうな人が増えているわけですが、それって逆に「偉くなるレース」にとっては最高なのですよ。

　自分だけ「いざってときに逃げないキャラクター」を作りにいきましょう。

　「こいつは私用を優先するタイプだ」というレッテルを貼られないことが大吉。

マネージャー3年目　＝「上をマネージ、下を愛す」

8.「偉くなる」も戦略案件にする。

　「神頼み」などせず、「気運」は自分で作る。

　常日頃から、仕事で直面している問題に対しては頭を全力で使う。偉くなるためには、圧倒的なエネルギーと思考を使い続ける。これをサボらないことが重要です。

　ということで、皆さんも今日から偉くなるための第一歩を踏み出してくださいな。

GO to the TOP!

71

最近、いいことありましたか？

VS

最近の調子はどうですか？

板挟みなマネージャーとしての必須スキルは「人との距離感を測る」こと。

ほんと、つくづく思いますよ。

最初の3年間＝緑ボンの頃が懐かしいなぁ。コンサルタントとして論点に向かい思考をぐるぐる回し、最高のインサイトを出すだけでよかったあの頃が。

あの頃、マネージャーの皆さんを無意味に突き上げてしまってごめんなさい。そんな気持ちが心から湧き上がるのが、マネージャー3年目でございます。

そして、最大にして最高級に心がざわつくことをしなければいけないのもマネージャー。

それは何かと言うと、これですよ。

クライアントやチームメンバーにはっきりと、嫌なことを言わないといけない。

クライアントに対しては「ビジネス」だから、まだいいのよ。

クライアントは突き詰めると、「嫌なことを言ってくれてありがとう！」と思ってくれる構造になりやすいですからね。

問題なのは「チームメンバー」に対してでございます。

コンサルティングファームはやっぱり、ホワイト化が進もうと労基が入ろうとも、脈々と流れる「UP or OUT」の文化。だから時には、チームメンバーに言わなければならないのです。

あなたはコンサルに向いていない。
せっかく作ってもらったけど、全部ゴミだわ。

作ってもらったスライドを目の前に、その本人を目の前に、それも明らかに徹夜した顔つきの本人を目の前に、このようなことを言わなければならないのです。「ダメなものはダメ」と言う。だって、仲良しごっこをしているわけじゃないからね。

でも正直、心がざわついてしまいます。

だからマネージャーは日々、クライアントともチームメンバーとも、関係性の「距離感」を把握しておかなければならないのですよ。

「距離感」を測るのが大事。
それをしないと大事件。

下手に「叱咤激励」する＝チームメンバーにとっては「嫌なこと」を言ったときに、ハレーション、ヒステリック、事故が起こってしまいますからね。

で、その「距離感」を把握するために、僕が重宝している語りかけがあります。

それが、

最近、いいことありましたか？

これ。これを聞く。是非ともやってみてください。

ところで、距離感が最も遠い「相手からの返し」って何だと思いますか？

その双璧がこちら。

---

① 「特にありません」と言われる。
② 「ビジネスの話」をされてしまう。

最も距離があるのが「特にありません」で、次が「ビジネスの話」なのです。

もし、マネージャーとしてこの質問をして「仕事の話」を返されたら、まだ距離を詰められていないと思ってください。少しウエットな指摘をするにはまだ早い段階にいます。

ほんと難しい世の中になりましたよね、マネージャーの皆さん。

皆さんもオリジナルの「距離感」を測る言葉を集めてみるといいですよ。

「叱咤激励」の前に、 「距離感」の測定をしよう！

72

ピンッとこさせる

VS

ハッとさせる

伝えるときは2つの方向性があるんだよね。

クライアントや上司に対して「何かのアウトプットを作って伝える」ってのは日常的な場面であり、マネージャーになればなるほどその機会は増える。

つまり、

緊張するほど大事な場面で
しゃべらないとあかんくなる

わけですよ。

で、ジュニアメンバーのときは本当にやっきになってました。

クライアントに、いや、マネージャーに

何これ？ 面白いじゃん！

と言わせることに。

そう、相手を思考力でねじ伏せ、自分の作ったアウトプットで「ハッとさせる」ことばかりを考えていたよね。

まさに、この言葉をつぶやいてばかりいたよね。

アハ体験を起こすんだ！
サムシング ニューは何か？

憑りつかれたように、この方向だけをまさぐっていました。
でも、もう1つ大事な「方向性」がございます。
それがこれ。

ピンッとこさせる。

そうなのよ、この方向性を忘れてはいけないし、マネージャーとしては本当に大事なことなのです。
ではここでクイズ！

「ピンッとくる」とは、どういうことでしょうか？
これを言語化してください。

ピンッとくるってのは本当に言語化しておくだけで、相当パワフルに学び方が変わります。
で、答えは？
答えというか、僕が大好きな定義を書いておきましょう。

ピンッとくる
＝既に頭にある「何か」と紐づくこと。

そうなんです。既に自分の中にある知識や経験と紐づき、そしてこの言葉を叫びたくなることを指すのですよ。

あ～～～、そういうことだったのか！

　これ、これこそが「ピンッとくる」でございます。

　コンサルの現場で言えば、対面の社長に対してアウトプットを説明するときに、この論点をもって説明するイメージだ。

いかにして社長に、ピンッときてもらうか？
もう少し言えば、社長の過去の「成功体験」や「現場での感覚」と紐づける材料を持って行けるか？

　これ、これが２つ目の方向性なのです。

　１つ目の方向性に固執して、「ハッとさせる」ことだけを追い求めてはいけないのだ。

　そうそう、この話って本書の第２章（２年目）でも、ちょっと違う角度から語っているんですよね。何番の、何の話だかわかりますか？

　もちろん、48番のこれですよね。

相手が自然と気付く／理解する／はしゃがせる

VS

説得して論破する（説得の３原則）

　ピンッとこなかった人よ、暗記するために再度読みなおしを！

73

「英単語帳」を覚える

VS

「英単語」を覚える

チームメンバーの働く力を
最大化する為に知っておくべきこと。

　とうとう皆さんも、この話ができるまでに熟してきております。

　マネージャーは当然、チームを率いることになりますよね。管理スパン／チームメンバーは「最大3人」のイメージ。その3人をマネージする際に、絶対に知っておかなければいけない哲学があります。

　それがこれ。

範囲が狭ければ狭いほど、
エネルギーは100％発揮される。

　例えば、皆さんがあるゲームに参加したとします。「今回暗記するのは英単語です。5日間で丸暗記してください」と言われて、英和辞典を渡されたとしましょう。

　その瞬間、皆さんはどういう気持ちになりますか？

　当然、こうなるだろう。

覚えられるわけねーじゃん。

英和辞典には一体いくつの英単語が掲載されているのか、想像もつかない

つまり、頑張れるわけがありません。

5日間の猶予がありますが、「どうせ覚えられるわけない」というネガティブな気持ちに苛まれエネルギーは湧き上がらず、結果、全エネルギーの10％も出せないことでしょう。

でも、これが仮に次のような話だったらどうですか？

> またまた皆さんはゲームに参加。今度は「5日間で丸暗記してください。今回暗記するのは英単語帳です」と言われ、薄い英単語帳を2冊渡された。

この場合、薄い英単語帳が2冊だけという「手触り感のある」ゴール／終わりが見えているから、やろうとするでしょう。そして、先ほどよりはエネルギーが発揮されることになる。

人は、「途方もないこと」に対しては
エネルギーを発揮できない動物なのです。

同様の現象は、他にも色々なケースで発生します。

例えば、年末年始のニューイヤー駅伝もその1つ。

> 1番手の「背中」が見えている
> VS
> 1番手の「背中」がまったく見えない

当然、前者のほうが頑張れますよね。

だからチームをマネジメントするときも、その基本原理を理解してチームメンバーに指示を出すべきなのです。

時間内で「ぎりぎり」終わるか、 終わらないかのTASK量 VS 「早く終わって稼働が余ったら勿体ない」と 言わんばかりの、 終わるわけがないTASK量

当然、前者ですよね。

同じ時間だけ働くのだからとポンコツの思考をし、前者でも後者でも同じアウトプットが出ると思ってはいけません。

先ほどの例が示すとおり、

「こんなん終わるわけないじゃん」と 思った瞬間、チームメンバーは頑張らない。

違う言い方をすれば、このメンタリティになるためには腹の底から理解しなければなりません。

それは何かと言いますと、これ

マネージャー3年目 =「上をマネージ、下を愛す」

たかが「MECE」 VS されど「MECE」
たかが「構造化」 VS されど「構造化」

そう、MECEバカでは、この境地には達せませんからね（ここら辺がピンッとこない場合は今すぐ、前作緑ボンの014番あたりを復習してください）。

「整地」＝土地を整えるときのブルドーザーのように、端っこから端っこまで走る＝まさに「TASKのしらみつぶし」では、チームメンバーのモチベーションも根こそぎなくすぜ。

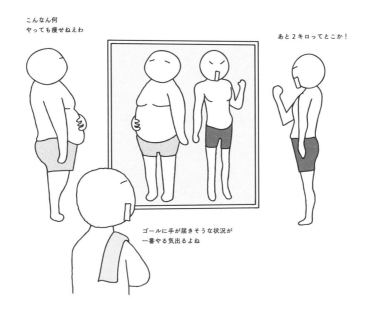

こんなん何
やっても痩せねえわ

あと２キロってとこか！

ゴールに手が届きそうな状況が
一番やる気出るよね

とぼける

vs

受け止める

**クライアントから、MDからくる
「あれ、どうなった？」をあしらう技術の上級編。**

　プロジェクトの王様、指揮者としてチームメンバーを率いているのだが、一方で「お金を払ってくれているバイヤー」であるクライアント様には逆らえないし、それ以上に残念ながら「アサインしてくれているプロジェクトオーナー」であるMD様には逆らえない。

　それが、マネージャーの現実でございます。

　やっぱりどこか哀愁漂うのがマネージャーだよね。

　口悪く言えば、いや本心を言えば、

**デマンディングなクライアントよ、
俺らはお前らの業者じゃねぇ。
おいMDよ、そんなことしてっから
陰で悪口言われまくりなんだからな。**

　と言いたくなるタイミングがある。

　それは、次のように言われたときです。

このタスクも追加でやってもらっていいですかね？

　お金をもらっている手前断りづらいだろうし、MDもクライアン

トの為なら次のケースを売るために少しでも「うちのメンバーは働きまっせ」感を出してくる。

　理解はできますよ。

　そんなとき、マネージャーにぜひおすすめしたい技があるんです。

　それは、

とぼける。

　これ。いやいや本当にそうなんです。

　「とぼける」ってのが最高にして、最強の返しとなるのですよ。

　もっと具体的に言えば、こんな感じでとぼけます。

　プロジェクトも佳境。いや佳境じゃなくとも、プロジェクトの稼働はパンパンなのが日常。そこで、クライアントの山田さんが「チームの稼働がパンパンのことを知りつつ、そして断れないことを承知の上で」こんなことを言ってきた。

山田さん
　あの、追加で「10年後の冷凍食品市場」を推定してもらえますか？

セクシーなマネージャー
　おぉおおおお、何だか面白そうですね。ぜひともやりましょう。とすれば、どの作業の代わりにやりましょうかね。そうだなぁ、あの作業は大事だから、この作業をなくしましょう。そうしましょう。おー、そうしましょう。じゃ、そういう感じで進めますね！

マネージャー3年目 ＝「上をマネージ、下を愛す」

こういう感じのことを、少し早口で畳みかけるのがコツ。
もう少し「分析解説」を加えると次のようになります。

セクシーなマネージャー
　「おぉおおおお、何だか面白そうですね。ぜひともやりましょう。」
＝大げさに褒める。"嫌味"と思われるくらいに褒める。相手に気づかれてもよい。なんせ相手は「クライアント」だから、褒められているとこの時点では錯覚する。

「とすれば、どの作業の代わりにやりましょうかね。」
＝ここは淡々と「フルフルでやっているわけだから、1つ加えたら1つなくすのは当然だ」と「とぼける」。そして「あなたも当然、そのつもりでしたよね」とダブルで「とぼける」。

「そうだなぁ、あの作業は大事だから、この作業をなくしましょう。そうしましょう。おー、そうしましょう。じゃ、そういう感じで進めますね！」
＝ここは早口で、相手に口を挟ませないのが大事です。ここで話せば話すほど、先ほどの2段目の「とぼける」が現実化し、取り下げづらくさせることになります。

これは高等技術なのですが、色々な場面で使えます。
もう1つ、具体例をお見せしておきましょうか。
よりピンッときていただくために書きますね。

美容院「NORA」という、タカマツボンの常連でもある美容院があります。そのクリエイティブ・ディレクターに「KAEちゃん」という天才がいるのですが、KAEちゃんは「新人、若手を育てるための講義」もしております。その際、自分だけではなく中堅の後輩何名かにも講師をお願いしたときの話です。

KAEさん
　鈴木さん。今度、新人・若手を育てるための講義の講師をしてもらえる？　そういえば、あなたも数年前に生徒として受けてたね。

> **鈴木さん**
> え？　なんで私がやらないといけないのですか？　それって強制ですか？　そうじゃないならやりません。
>
> **KAEさん**
> …

さあどうでしょう？

鈴木さんの無慈悲な反応に対して、KAEさんはどう返すべきなのか？

皆さん、「とぼける」を使って最高な返しを考えてみてください！

で、もう答えを言っちゃうとですね、こんな感じでございます。

> **KAEさん**
> 鈴木さん。今度、新人・若手を育てるための講義の講師をしてもらえる？　そういえば、あなたも数年前に生徒として受けてたね。
>
> **鈴木さん**
> え？　なんで私がやらないといけないのですか？　それって強制ですか？　そうじゃないならやりません。
>
> **KAEさん**
> そっかそっか、ごめんね。鈴木さんは美容院「NORA」でクリエイティブディレクターを目指す才能があるから、それ

を磨いて日本だけじゃなく世界も目指すんだと思っていたん
だけど。

　そっかそっか、じゃあお疲れさまでした。

　鈴木さん、講師には誰を選んだらいいと思う？

　田中ちゃんか、高橋ちゃんかなぁ。どう思う？

　今度、フィリピンの次にバングラディッシュを狙っている
んだよね。

　そっか、ありがとう。

　今日もわざわざ時間を作ってくれてありがとうね。

これである。

これ、これぞ皆さんが技術として身につけるべき技、

とぼける

なのです。

75

あえて暇を作る

VS

暇など作るものかバカ野郎

**予定がパンパン、それもミーティングづくめの
マネージャーよ、反省してほしい。**

　皆さんもここまで仕上がってくると、読み進めて暗記して実践もしてるとなると、もう単なるマネージャーではないよね。スーパーマンだよ。

　そんなスーパーマンにもなお、ありがちな罠があるんです。

　それがこれ。

30分刻みのミーティングに埋もれる。

　こうなってきたらもう、危険信号でございます。

　ただただ誰かが考えたものに対して、その場の「浅い、浅すぎる」インプットをするだけの日々が続くことになる。

　せっかくマネージャーになったのに、

インテレクチャルリーダーシップから、知らぬ間に
「優しさ」のリーダーシップに陥っている。

　それが人間というものなのです。

　本当に反省すべきだ。

　そして、その対応策は

あえて暇を作るしかありません。

　予定を物理的にブロックし、その時間は「インテレクチャルリーダーシップ」を発揮するための準備として使うとしなければいけないのです。

　特に、マネージャーとして秘書さんがついてしまう場合は更に要注意。

　油断して予定をブロックしておかないと、いつまにかに「ミーティングの沼」にハマることになりますからね。

　対策ですが、僕の場合はこの2つ。

---

①1週間に1度、2時間固定で時間をブロックする

　（僕の場合は、月曜日の午前7時〜9時としていました。この時間が本当に健やかだった）

②「1か月」先の予定を噛みしめてブロックする

　（1か月の予定を見渡した時に、「いつ、思考する時間をとるべきか？」を考えるわけ）

　「社長を含めたクライアントミーティングがあるから、このタイミングで2時間ブロックしておこう」とか「MDとクライアントとの会食がこのタイミングにあるってことは、大きな変化があるかもしれないから、このあとに時間を取っておこう」などと想像しながらブロックしていくことになる。

　なお、②のほうの『「1か月」先の予定を噛みしめてブロックする』という作業には、「予定をブロックする」以上の、偉大なる価値があります。

　それは、「1か月」の動きをちゃんと噛みしめられること。

　具体的に言えば、次のようなことを考える機会となることです。

> ●現時点での「ストーリー」は？
> ＝仮に今、プロジェクトの担当にエレベーターでばったり出会ったら何を言うのか？

> ●各クライアントミーティング毎の「検討すべき問い」は？
> ＝1か月、どのように問いが進化していくのか？

> ●そして最後、どこでホームランを打つのか？
> ＝3打数1ホームランでよい。どのミーティングは流し、どのミーティングで価値を出すのか？

　これこそが本当に大事なのだ。
　そしてもう1つ、次のステージに行く上でも大切なことがこれ。

ポジティブな「0→1」
＝何かを生み出す活動をするには、そもそも「暇＝時間」を持て余していることが大前提となる。

例えばコンサルタントのマネージャーという意味では、ただただ自分に「与えられた」プロジェクトをこなしているだけでは偉くなれません。繰り返す、

ここからは「自然とは偉くなりません」。

当然、マネージャー以上の戦いでは、「自分のお客さん、自分のことを買ってくれるクライアント」を作らねばならないのです。

そうなんです。そんな戦いが、マネージャー後半、3年目ともなると始まってくるのですよ。

もう少し厳密に言うと、

「プロジェクトを売る」というよりも、将来、そのクライアントのエースになる人との関係を作っておく活動をすること!

なお、この話は今の時代を反映した職業の皆さんにも特にお伝えしたい。

それは、

フリーコンサルタントの皆さん。

最近、コンサルティングファームなどを卒業、独立してフリーのコンサルタントになる方が増えています。ついこの前も、BCGの弟子からこんなメッセージが届いておりました。

半年、1年後を目途にフリーコンサルタントとして独立を検討中です。
ぶっちゃけもっと稼ぎたい、自由に働きたい。

いやぁ、時代ですよね。いい時代になったと思います。選択肢が増えることは本当に、本当にいいことですからね。

ところで、「フリーコンサルタント」になる前に噛みしめておかねばならないことが、今回の話の延長線上にあります。

例えば、単価が月150万、2つ目は軽めにして月100万、合計250万。当然、これを12か月やるわけですから、キャッシュで3000万稼げますよ。でも、これから説明する「罠＝構造」に陥っていることを認識しなければ大変なことになるのです。

あなたの「今」の能力／アセットにお金が支払われることになり、仕事はその能力の70％ほどの水準となるから、成長は基本しない。フリーコンサルタントは上司＝成長させてくれる人がいないわけだから、その意味でも成長はしない。つまり、相当意識しないと

消費されていくだけです。

もう1つ。プロジェクトを誰かが用意してくれるわけではないので、仕事を取りに行かねばならない。そして、今のプロジェクトが続くかを気にしなければいけない。

フリーコンサルタントの中でも、SAPなどの特殊技能を持っている場合は案件も長いので消費されづらいですが、BCGのような「目に見える」技術がない場合は、確実にこの観点で消費されていくでしょう。

それと、よくありがちな逃げ方として「フリーコンサルタントしながら起業のネタを探す」ってのがありますが、僕はこれこそ愚の骨頂だと思っています。

マネージャー3年目 ＝「上をマネージ、下を愛す」

起業をしたあとに、日銭を稼ぐためフリーコンサルタントをするのはよい。でも、順番が逆な場合は最悪だと思うのだ。

理由は、

起業のネタである「不」＝不満、不便、不安、不都合等には、人との接点が多い会社に属していた方が出会えるから。

フリーコンサルタントは「ビジネス上」で出会える機会が限定的になります。

もちろん、よくわからない「異業種交流会」的な仲間の広がりは増えるかもしれませんが、そういう同じ世代の出会いなどどうでもいいのです。

それよりも、会社という「看板」や上司の「役職の高さ」をフル活用して、

自分では会えない、会ってもらえない「背伸びした」出会いを勝ち得る！

これが大事。でもそれには、フリーコンサルタントは弱い。

だからフリーコンサルタントになる決断には慎重になるべきだし、もしなったのなら、

圧倒的に、自分の成長に投資しなければならない。

そのことを強く意識しておいてくださいね。

ほんと、社会が自由になり選択肢が増えると、当然ですが「選択ミス」が生じます。

だから、きっちり思考して、決断していきましょう。

　ちょっと話が逸れてしまいましたね。

　最後に、この項のメインテーマについてもう一度、叫んでおきま
しょうか。

意識的に「暇」を作ろうぜ！
作らないと新しい価値を生めないぜ！

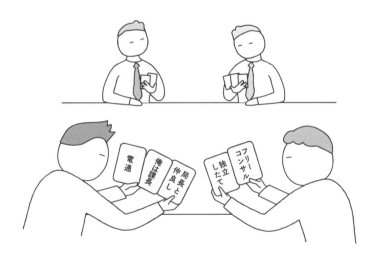

圧倒的に左の人の勝ち！

76

生涯現役

VS

修行僧

ここまで来たらもう、誰も文句は言うまい。
ハンターハンタートーク！

　僕も大好き、皆んなも大好き漫画『HUNTER×HUNTER』。
　そのキャラクターの1人に、ゼノ＝ゾルディックという果てしなく強いおじいちゃん（キルアのおじいちゃん）がいるのですが、彼の服に書いてあるのがこの4文字です。

生涯現役

　そしてゼノ＝ゾルディックと同じように、コンサルタントに限らずビジネスパーソンたるもの、生涯現役でありたい。あるべきだ。
　でもその際、気を付けるべき罠があるんです。
　それは、

修行僧になってしまうこと。

　残念ですが、特にコンサルタントのような仕事をしている人には沢山いる。
　どういうことかと言いますと、

修行僧=
クライアントに付加価値を出す、それこそお金を稼ぐことに軸足がなく、「自分の腕を磨くのが大事」というのを盾=言い訳にして、それ以外には本腰を入れないコンサルタントのこと。

こんな奴らがゴロゴロいるのです。

いや、コンサルタントに限った話ではなく、ビジネス界隈にはいっぱいいる。

例えば、転職などキャリア相談を受けるときに多く見かけるんですよね。

キャリア相談の小西さん

　もうすぐ35歳を迎えるので、もう少し幅広い業界のプロジェクトを経験して、自分の領域を広げたいんですよね。それとM&Aの経験がないので、その経験と知識も身につけたいんです。

はい、ありがち。

ほんとにありがち。

皆さんも周りでよく聞く類の発言だろう。

僕はこれを聞くたびに、次のような返しをしています。

タカマツ

　修行僧になってはダメ。

　求めるだけの時期は終わっていて、今は身を刈り取る時期だよ。

　成長も大事だけど、それは仕事じゃなく研修や本などで学ぶ話。仕事では「結果を出す」「偉くなる」のが目標でしょ。

　ほんと、修行僧にはならないほうがいいよ。

これ、本当に大事です。

前に話した「自然と、勝手には偉くならない」というのと近い話ですよね。

本当に大事な考え方となります。

生涯現役。

but

修行僧にはならない。

BCG時代にもいましたよ。

僕がアソシエイトの頃、自分の売りを次のように主張する輩がいた。

Excelシートなら誰にも負けない。
あのみんなが使っているマクロは僕が作ったんだよ！

そんな主張を聞くたびに、僕はこう思っておりました。

いやいや、それはツールでしょ。
僕らは付加価値を出すことが仕事なんだから、
Excel師匠になっても意味ないでしょ?

ほんと、皆さんも気をつけようぜ。
修行僧にはならないように!

77

百の位

VS

十の位

VS

一の位

マネージャー進化論というか「桁理論」。

　いやぁ、いよいよ「77個目」ですよ。皆さん、ここまでついてきてくださってありがとうございます。マネージャーとしてここまでできれば、もうどこに転職しても、どこで働いてもあなたは重宝されるでしょう。

「優しさ」のリーダーシップに陥らず、甘えずにインテレクチャルリーダーシップを発揮できるだけでなく、その先の「超」優しさのリーダーシップまで発揮できるビジネスパーソンであるあなた。

　いやぁ、最高でございます。ほんと、この世の中のマネージャーは「優しさ」のリーダーシップに甘えてますからね。だから、この本を読んだ皆さんはもう、スーパーマネージャーでございます。
　ということで、ここでもう一段、永続的に「甘えない、引き締める」ためにもう一度、ここまでの話を違う形で説明したいと思います。
　それが、

桁理論。

　桁理論とはまさに、「桁」＝一の位、十の位、百の位、千の位のことで、これを仕事の価値と重ね合わせて進化させたのが「桁理論」なのです。

　僕が前作の緑ボンでも散々叫んだ［ロ→サ→Ｔ→ス→作→ア］もある意味では桁理論なのですよ。

　言うまでもなく、左に行けばいくほど価値がある。

　このように。

$$[\ ロ\ →\ サ\ →\ Ｔ\ →\ ス\ →\ 作\ →\ ア\ ]$$
（億）　　（万）　　（千）　　（百）　　（十）　　（一）

　論点を設定したりサブ論点を立てることは、ビジネスパーソンにとって「億、万の価値」があります。しかしその分、思考力、CPUを食うので疲れます。

　だから意識しないと、右側に没頭してしまう。

　TASKバカになってしまうってやつだ。

　だから歯を食いしばって、［ロ→サ］を頑張らなければいけないのだ。

TASKを設計するとかExcelで作業するとか、うんうん言いながらパワーポイント資料を作るとか、そういうのをしたくなるし、それをして満足してしまう。

　そんな愚行だけは避けてほしい。

違う言い方をすれば、自分のテニュア、成長ステージに合わせて、1個でも［左側］にチャレンジすることで、成長を加速化／進化できるのです。

　例えば、コンサルに入りたてでマネージャーから渡されたスライドを調べて、穴埋めすることをお願いされたとする。もちろん、それは［作→ア］の部分です。
　まずはそれを120％のエネルギーでこなすことはもちろんだけど、それがこなせるようになったら自分から［左の桁］にチャレンジすべきなのだ。
　自分でTASKを見つけてマネージャーに提案する、とかね。
　もちろん、TASKを振られて「あとはやってください」と言われるようになったら、その前の［ロ→サ］をやる（＝論点を割り戻す）。それが進化、桁進化なのでございます。

このように、皆さんの仕事に「桁」というメモリをつけてチャレンジしてくのが［桁理論］でございます。 是非やってみるように！

　ところで、これまでに散々語ってきた「◎◎のリーダーシップ」的な言い方で表現すると、この桁理論はどうなるだろうか？
　もちろん、こうなります。

　　一の位＝「優しさ」のリーダーシップ
　　十の位＝「インテレクチャルリーダーシップ」
　　百の位＝超「優しさ」のリーダーシップ

　おわかりの通り、すぐにメンバーのモチベーションを高める、メンバーとの会議に出席して満足するという、一の位＝「優しさ」のリーダーシップに溺れてしまってはダメ。そうならないように、十の位＝「インテレクチャルリーダーシップ」に留まらなければならない。

　あえて「コンサルタントとしてのマネージャー」という視点で言うと、桁理論はこういう感じでとらえてくださいませ。

マネージャー3年目　＝「上をマネージ、下を愛す」

> 一の位＝「優しさ」のリーダーシップ
> 十の位＝「インテレクチャルリーダーシップ」
> 百の位＝「インテレクチャルリーダーシップ」
> 千の位＝「インテレクチャルリーダーシップ」
> 一万の位＝超「優しさ」のリーダーシップ

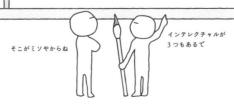

一の位＝「優しさ」のリーダーシップ
十の位＝「インテレクチャルリーダーシップ」
百の位＝「インテレクチャルリーダーシップ」
千の位＝「インテレクチャルリーダーシップ」
万の位＝超「優しさ」のリーダーシップ

そこがミソやからね

インテレクチャルが
3つもあるで

なお、第3章（3年目）のテーマでもある「上をマネージし、下を愛す」は、十二分に「インテレクチャルリーダーシップ」を発揮できていないうちに、次の桁である＝超「優しさ」のリーダーシップに挑戦すると、単なる「優しさ」のリーダーシップに陥りがちだから気を付けてください。

　つまりは、まだまだマネージャー、その世界で5年ほどなんだから、気持ち的には

「インテレクチャルリーダーシップ」に狂気をはらんで欲しい。

　こういうことなのですよ。
　ほんと、甘えないようにしていこうぜ。

78

句読点を打つ

vs

打たない

文章も人生も「句読点」の打ち方が「その先の」美しさを生むんよね。

　これはコンサルタタントとかマネージャーを超えたレベルの大事な話でございます。

　僕のことを知らなかったあなたが前作緑ボンを読んでくれて僕のことを知り、そして本書オレンジボンをも手に取ってくれて、そしてそしてそして、

このページまで読んできてくれた！
最高だぜ、あなた！！！！

　ということで、ここで少し「人生のお話＝ビジネス自己啓発な話」を放り込んでみようと思います。

　マネージャー3年目というか、社会人になって5年目を超える頃には色んなシコリができてきているもの。もう少し具体的に言うと、

同期のほうが先に昇進した。そこまで行かなくても、
なんか周りのほうが重宝がられている。
私って、この仕事に向いてないのかしら。

　うんうん、そういうシコリが出てくるのが人生であり、濃い人生

を生きていればいるほど、シコリを超えてイボができてくるってもんですよ。うんうん。

　コンサルティングファームの場合はもう少し辛辣で、ご存じUP or OUTの世界だから、自己認識だけでなく痛烈に飛んできます。

このままの調子だったら昇進できないと思うよ。次のプロジェクトでパフォームできなかったら、相当まずいよ。ボーナスは3段階評価で一番下だよ。

　こんな直球が飛んでくる。

　これはもうシコリを超えて、もうここまでくるとキレてますよね。

　そして、プロの世界は厳しいというわけでもありませんが、各々のタイミングで意思決定をして、コンサルを辞める＝卒業することを選ぶことにもなる。

　コンサルや仕事に限った話ではありません。何かに没頭してきたけれど才能の限界を知り諦めるときも同じことが言えるので、何かにとことん向き合ったこその「シコリ」である。だからこそ、この「シコリ」の処理を間違えてはいけないのです。

　その為に覚えておいてほしいVSがこれだ！

句読点を打つ　VS　打たない

　シコリができたときに最もいけないのが、「句読点」を打たないこと。同期と比べて、簡単に言えば「できなかった」という事実をうやむやにしてしまうこと。

　これが、一番やってはいけないことなのだ。

　キャリアを語るとき、僕は「句読点を打つ」という言葉をよく使います。意味は「ちゃんと人に胸を張って説明する」です。

　例えば、コンサルタントを辞めたあと、コンサルタントじゃない
友だちと飲んでいるときにこんなことを言ってしまう。

コンサルは辞めたよ。
コンサルって虚業じゃん。だから事業をやりたくなっ
たんだよね。最近は人も増えて、僕が入った頃とはレ
ベルも仕事内容も変わってしまったしね。てか、コン
サルの人たちって本当、よくやってんなあんな仕事。

　いやぁ、句読点を打ててない。
　これだと、どこか「後ろめたい」というか、

ただただ、その仕事が向いてなかっただけで、優秀さ
には関係ないし、ましてや「人」としての価値は全く
変わってない。

　にもかかわらず、こういう発言をすればするほど自分の中で「負
けた。俺は負けたんだ」になってしまうことが問題なのである。

　仮に仕事があまりうまくいかず辞めることになったとしても、
ちゃんと「僕はこの仕事、うまくできなかったんだよね」と健やか
に言えるようにすることが大事。それを「向いてなかった」とか「こ
ちらから辞めてやったんだよ」とか言ってしまうと、その先、何か
につけてそこが引っ掛かりエネルギーが沸き起こらない。
　だから、何かを諦めたりしたらちゃんと句読点を打つ。その習慣
が大事なのですよ。
　とはいえ、「僕は向いてなかった」とも言いづらいという気持ちは
わかるので、言うことを変えるのではなく、まずは「言う相手」を
変えればいいのだ。

見栄を張りたくなるような人とは「句読点を打つ」ができるようになるまで会わないのが鉄則。
　そしてまずは、

自分から「コンサルは向いてなかった。同期よりできなかった」と言ったときに、自分にとって心地よい反応をくれる人に言えばいい。

言うことを変えるのではなく、まずは言う相手を変えればいいのだ。
そうすると、その言葉を「言い慣れる」ことができる。

　そのあとに、仲間たちに言えばいいのだ。
　そのときの反応はきっと不思議なほどに、最初に聞いてもらった人と同じ反応が返ってくる。
　何故か？

それは「句読点」を打っている、
先を見据えた発言だからだ。

　茶化してくるやつがいたら、そいつはもう友だちではありません。
　UNFRIEND してしまえばいい。
　自分の人生のほうが大事だからね。

　友だち1人くらい捨ててやろうぜ。

79

丁寧に生きる
VS
美しく生きる

「暗記すればいいじゃん」の根底に流れる愛。

『コンサルが「最初の3年間」で学ぶコト』＝緑ボンから始まり、そしてオレンジボン＝『コンサルが「マネージャー時代」に学ぶコト』がついにこの79番で終わる。

ということで、「湿っぽく」締めたいと思います。

本当にコンサル思考、心得はすべてのビジネスパーソンが身につけたら健やかになる。
そして、それはすべて「才能」ではなく「スキル」。

僕はこのように確信している。そして僕自身、すでに著作を「7冊目」まで出版できて、持って生まれた才能を超える機会に恵まれたと感謝しております。

もうね、僕はこう考えているんですよ。

皆さま、僕の生徒、弟子、もうみんな今日から

「考えるエンジン」マフィアだ。
だから、いつでも悩んだら相談に来なさい。

タカマツボンをきっかけに「考えるエンジン講座」を受講してく

353

ださった方もそうですが、町で見かけたり、Twitterでも、それこ
そ「YouTubeライブ」でも何か絡めそうなときは、是非とも絡ん
でください。陽気に戯れましょう。

　「考えるエンジン講座」も2013年に始まり、歴史を積み上げてき
ました。法人研修を含めると「3000人」を超えています。そして
毎年1000人を教えてますから、この本が出てベストセラーになる
頃には4000人に達する計算です。そしてもしかして、この本が歴
史に名を遺す名著になったりしたら、大袈裟ではなく1万人を考え
る「考えるエンジン」マフィアが世の中にいることになる（かもし
れない）。
　僕の中に「世の中を変える」みたいな気持ちは1ミリもないので
すが、幸運にも関わらせていただいた「考えるエンジン」マフィア
の皆さんは仲間ですから、『HUNTER×HUNTER』のノブナガの
ように熱くなります。

コンビで戦う方が強いノブナガのように、
僕も「考えるエンジン」マフィアの為に
力を発揮します。

　「師匠業」をしておりますと、コンサルタントも含めたビジネス
パーソンからありとあらゆる相談を受けます。もちろん、「今後、ビ
ジネスパーソンとして成功する為には？」というポジティブな相談
も多く受けますが、それの倍以上受けるのがネガティブな相談。
　例えば、

「この調子だと、辞めてもらうことになるかも」
と言われました。

みたいな相談も日常的に受けています。

ときには、プレッシャーとか、上司・クライアントの"奴ら"からの罵詈雑言、無駄な詰めにより、医学的な「鬱」までは行かなくとも、自分の心の「正常」がわからなくなっているような生徒からも相談を受けます。

そのときに僕が必ず言っているアドバイスを、オレンジボンの最後にしっとりと書いてフィナーレとさせてください。

先に言っておきますと、最悪なアドバイスはこれ。

ゆっくりと生きましょう。

この言葉を「心が揺れている人」に伝えてしまうと、本人は次のように捉えてしまうかもしれません。

今の自分は普通じゃないから、
"ゆっくりと" なんてアドバイスしてくれているんだな。

これだと逆に焦らせてしまいます。

「普通じゃない」のなら挽回せねば！とね。

この他にも、「らしく生きましょう」とかが愚の骨頂アドバイスとなります。そうじゃない、アクシデントとして「心がざらついた」だけなのだから、そんなアドバイスは逆効果だ。なので、僕はいつも必ずどんな時でもこうアドバイスしています。

丁寧に生きましょう。

これが「他人にかける言葉」としては神。

そして自分自身にも、大なり小なり心が揺らいでしまったときにはこう語りかけてください。

丁寧に生きようぜ。

　この言葉が神なのだ。
　一番、わかりやすい例が「字が汚ない人」へのアドバイスだ。
　仮に、字が汚ない小学生がいたとしよう。その人にテストなどの時に、汚ないと減点されてしまうかもしれないので、アドバイスを先生がするとしよう。
　そのときに、

綺麗に書きなさい。

　というアドバイスほど、ポンコツなアドバイスはない。
　「綺麗に書こう！」と意識しただけでは字は綺麗にならない、行動は変わらない。そして、そんなときにこそこのアドバイスがきく。

丁寧に書きなさい。

　そう、そうなのだ。
　いつもは1文字に1秒かけているところも、「丁寧に」だから2秒をかけなさい。
　そういうことなのだ。

　「丁寧に」

　これはあくまで、「少し前の自分」との相対値に根差したアドバイス。
　絶対値に根差した「ゆっくり」とは全然違うのだ。
　だからいいのだ。

誰にだって、不調やスランプは来る。

そんなときは、この言葉を意識して過ごしてほしい。

> **丁寧に生きましょう。**

丁寧に書いたラブレターの方が愛は届くだろうし、丁寧に選んだお店のほうが食事は盛り上がる。だから「あれ？ちょっと調子がおかしいかも」と思ったら、スウィッチを作っておこうぜ。

「丁寧に生きようぜ」スウィッチを。

物事を学ぶときの「暗記すればいいじゃん」ってのも、まさに同じ思想だよね。

> 暗記する
> VS
> 理解する

パッと本を読んだり講義を受けてさ、理解できたんで明日から変わります！とかないから。そんなの幻想ですよ。「美しく生きましょう」くらい、いい加減なアドバイスだと僕は思っています。

だからこそ、

理解してなくてもいいから、「暗記」したらいい。
そうしたら変わるよ。

　「僕って成長しているのかな？」と、誰だって年に2,3回は不安に
なるじゃないですか。そんなときの「焦り」もすべて払拭してくれ
るのが、「暗記」なのですよ。

「暗記する」の根底には、
「丁寧に生きましょう」が流れている。

　ということで、皆さんもこれを機に、何かにつけて丁寧に生きま
しょう。

以上！おわり

アソシエイト　MD　コンサルタント　タカマツ　シニアコンサルタント　プロジェクトリーダー　プリンシパル

本編はこれで終わり。
皆さん、お疲れさまでした！
（でもまだオレンジボンは終わらないぜ）

暗記する。
そしてとことん健やかに進化する。

「暗記は天才を超える唯一の方法」
「暗記→不自然に使う→違和感の発生→質問」
「ホイミだって、暗記してなければ唱えられない」

　やっぱり「暗記」しないと始まらないし、緑ボン→オレンジボン
という進化の流れに区切りをつけることもできません。

　ということで、前作緑ボンこと『コンサルが「最初の3年間」で
学ぶコト』、そして本作オレンジボンこと『コンサルが「マネー
ジャー時代」に学ぶコト』の内容を、皆さんがちゃんと覚えてくれ
ているのかどうか。

　尻たたきしつつ、おさらいをさせていただきたい。

「暗記したらいいことあるよ」×8つ

　これで本当に最後の締めでございます。

　サンキュ！

「暗記したらいいことあるよ」

01

アウトプットを生む6つのステップと言えば、もちろんこちら。

ロ→サ(サ²)→T→ス→作→ア

では、それぞれのアウトプット名は何というでしょうか？

（あ）論点（含む、サブ論点、サブサブ論点）を1枚のPowerPointス
　　　ライドに纏めたもの

（い）その論点（含む、サブ論点、サブサブ論点）にTASKを書き加
　　　えたもの

（う）TASKとスケジュールを議論するために作られたもの

　「コンサル思考、お作法」は目に見えない部分が多いので、こういう「アウトプット」をしっかり暗記しないと健やかに進化できません。

　そしてアウトプットの名前を憶えていないと、自分自身で自分を鼓舞／尻たたきできませんからね。何せ、「○○○って作ったっけ？作らないと！」とは声に出せませんから。

　で、答えはこちら！

（あ）論点スライド、（い）ワークプラン、（う）WBS

　（あ）または（い）をちゃんと作っているかをチェックすることで、[ロ→サ（サ^2）→T→ス→作→ア] な働き方＝論点ベースの働き方ができているかをチェックできます。

　ところで、他にもチェック方法を語ってきましたけど覚えていますか？

> 　何か仕事をしているときに、例えばTASK設計をしていたら、その左の [ロ→サ（サ^2）] をちゃんとやったかをチェックする。つまり、今やっている部分よりも [ロ→サ（サ^2）→T→ス→作→ア] の左側をやったかチェックする。

　これもそうですし、私が一番好きなチェックはこちら。

暗記する。そしてとことん健やかに進化する。

> 　誰かと議論した時に、ホワイトボードに何が記載されているか？何が残っているか？をチェックする。そこに［TASK - 期限 - 担当］が残っていたら黄色信号だ。
> 　もちろん、残っているべきは［論点＝問い］。「この問いを解ければ、事業が前に進みますよね」「これに加えて、これの問いも大事ですよね」という議論、会話がなされていれば、皆さんの「働き方」は進化している。

もう1つだけ紹介しておきましょう。

> 　朝1（または、仕事終わり）に今日1日のインプットを踏まえ、手元にあるワークプランを加筆修正するルーティンができているか？である。もちろん、ワークプランではなく論点ワード（＝論点スライドの"サブサブ論点"の数の制限がないもの）に書き加えてもOKだ。

　以上、本当にこの働き方をベースにできたら「仕事が上手になり、仕事が好きになる」という機運に乗れますぜ。
　是非、意識してみてください！

「暗記したらいいことあるよ」

02

　「コンサル思考」と言いますか、「（物事の）考え方」の整理の仕方は色々あると思います。その整理（＝頭のしまい方、タンスの作り方）も何気なく、緑ボンとオレンジボンの2冊を通して語ってきました。

　ここでは、それをクイズとさせていただきます。

　僕が「コンサル思考」の講義を1時間やるとしたら、どのような目次でやると思いますか？（いくつかあります）

これまでも、そしてこれからも、皆さんは様々な角度で「勉強」していくことになります。それは王道の本を通じてかもしれないし、それこそ仕事を通しての学びもあるでしょう。そのインプットをどう整理して、どう頭へしまうのかについては、健やかな進化を遂げるには大事な論点となりますよね。

端的に言えば「これから読む本をどのタンスにしまう？（＝どのカテゴリーの学びをしようとしている？）」を意識することで、爆発的に進化できるわけ。

ということで、具体的に3つほど紹介しておきましょうか。

①インテレクチャルリーダーシップ
VS 「優しさ」のリーダーシップ
オレンジボンに敬意を称して、まずはこの切り方から。これも1つの「タンス」になりますよね。何かを学ぶときに「どっち？」を意識することは大事。端的に言えば、「頭の使い方、インサイト」か、はたまた「心持ち、プロフェッショナリズム」かとなります。

少しだけ補足すると、特にオレンジボンの前半では「優しさ」のリーダーシップ＝悪でしたが、それは悪というより、インテレクチャルリーダーシップのほうが100倍大事だということ。つまり、「悪というより、これも大事よね」と捉えてください。そうしないと、「超」優しさのリーダーシップにつ

ながっていきませんからね。

② 論点思考　VS　戦略思考　VS　働き方

　タカマツボンの６冊目『「暗記する」戦略思考』を読まれている方はよりピンッとくる整理、タンスだと思います。

　論点思考＝「問い」を磨く思考、戦略思考＝「解」を磨く思考となり、この２つが「頭の使い方」で、それ以外という意味で、働き方＝心得、プロ意識など。この整理の活かし方でもっとも有効なのは、ビジネスを行う上でかかせない「議論、ミーティング」です。

　「このクライアント、上司、チームメンバーとの議論は、何を議論しているんだろうか？」と意識するのは途轍もなく健やかな進化を生みます。プロジェクトの論点なのか、それとも仮説、打ち手などの議論なのか、はたまたプロジェクトの進め方なのか。

　これを意識するだけで、議論の質は上がりますよ。

③ ［ロ→サ（サ^2）→T→ス→作→ア］

　本当に万能だねぇ、この［ロ→サ（サ^2）→T→ス→作→ア］は。
　［ロ→サ（サ^2）］＋［T→ス］＋［作→ア］と分けると、もっと使いやすいかもしれません。例えば、［作→ア］にはパワー

> **ポイントの作り方的なことも入りますが、話し方やプレゼンテーション的なこともここに入ります。**

　以上、他にも「WHATのインサイト、HOWのインサイト」もそうだし、「考える、描く」もそう。それこそ「運、センス、健康、頭の使い方」というのも視座を上げればタンスとなります。

　このような「タンス」的な頭の整理は1つに決め打ちするのではなく、その都度、学ぶことに合わせて使えばいい。この手の「整理する話」って、「今、学ぶことがどこに入るのか？」だけを意識しちゃうけど、そうじゃなくて一番大事なのは、「今から学ぶことと、これまでに学んだことを紐づける、区別する」こと。

　そうなんですよね、この「区別する＝今までに学んできたことと"一緒くた"にしない」ってのがウルトラ大事なのです。

「暗記したらいいことあるよ」

03

「ビジネスは人生の下位互換」なので、ビジネスごときに人生を左右させてはいけません。とは言え僕らはロボットではないので、ビジネスでうまくいってないとどうしても健やかに過ごせない。

そんなとき＝「負のサイクル」に陥ってしまったときは、「チャーム」で何とかするしかありません。「頭の使い方」だけでは、流れを変えることはできないのです。

ということで皆さん、「チャーム」の発揮の仕方を憶えているだけ羅列してみてください。はたして、何個書き出せますか？

そういえば、Twitter（てかX）で「B◯Gのタカマツさんって、チャームで生き抜いてきただけな感じ」と投稿されてるのを見てしまった。「は？」と思い仲良しのHJRに愚痴っていたら、「チャームって言葉を使っている時点でファンやん。がっつり、タカマツボン読んでるやん」と言われて、ハッとしたんよね。タカマツボン以外でこんなに「チャーム」を推している本はないですもん。

チャームって、ない奴は「自分にチャームがないせいで損していること」に気づけない。だから、意識的に発信しているんだよね。頭が悪い人が気づきやすいから。

ということで、チャームの発揮の仕方の中でも特に代表的なのを整理しておきましょう。ほんと、チャームがあるだけで＄（お金）になりますよ。

チャームが＄になる①＝テンションを＋2度

テンションが50度の人と100度の人が一緒に会話すると、両者のテンションは75度に収斂する。そのときに、低い側の人は気づかないが、高い側の人は「めちゃくちゃ疲れたなぁ」と思っております。「テンション低い」はビジネスではご法度なのです。

テンションが低くていいのは天才だけだぜ。

暗記する。そしてとことん健やかに進化する。

371

チャームが＄になる②＝第1声シェア1位

　2人でも3人でも、オンラインミーティングでは「音声が聞こえる」表示になった瞬間、最初の一言目を発しましょう。それだけで印象がよくなります。そして画面もONにしちゃおうぜ。「周りがONにしないから」的に流されず、ONにしていこうぜ。

チャームが＄になる③＝相談＋報告

　本当に「相談しっぱなし」が多いのよ。キャリアもそう、スライドもそう。相談したら、その結果がどうなったのか？はちゃんと報告しよう。

　よく間違えている人がいるので説明しておくと、例えば「アドバイスが転職しろだったけど、転職を辞めた」＝相談したときのアドバイスとは別のことをしたから言いづらい的に考える人がいるけど、ちゃんちゃらおかしい。相談された側は「議論を深めるために、あえて逆の立場をとる」場合もあるし、「俺のアドバイスに従わない」からへそを曲げることもない。いや、万が一「曲げられた」としても、必ず報告すべきなのですよ。

　そうしないとどちらにしろ、次の相談がしづらい。

チャームが＄になる④＝辻褄思考

　これはもはや皆さんの中でもお馴染みでしょうし、僕の周りでも「辻褄思考がお気に入り！」という方が多い。でも一応説明しておきますと、上司やクライアントから「は？今更何を言っているの？」という発言をされたときにすぐさま反論、嫌な顔をするのではなく、辻褄思考＝「仮に、その発言の意味が通る、まさに辻褄が合うとすれば」と思考することでございます。更に僕の言葉で言えば、これこそ「愛と想像力」の進化。

　本当に皆さん、辻褄思考を日常としてください。

チャームが＄になる⑤＝クローズドクエスチョン

　質問にもチャームが表れますよね。「オープンクエスチョンはバカの始まり」と僕はいつも教えてますが、前提として「チャームゼロ」でございます。「質問に応えてくれるのが当たり前」と思われたらチャームゼロ。

　だから、質問する側で「きっとこういう答えですかね？」とクローズドクエスチョンにすることが礼儀となる。わからなければ、最低でも「オープンクエスチョンとなり、すいませんが」という枕詞は付けようぜ。

暗記する。そしてとことん健やかに進化する。

373

　これは皆さん気付いてなかったかもしれませんが、「day0」の準備もチャームにとことんつながってきます。

　「プロジェクト開始は月曜日からなのに自ら土日から準備を始めて、それも下準備として、プロジェクトの論点ではなく周辺の業界などについて、まさにチームメンバー全員が知りたかったことを調べてくれている」なんて、すごいチームよね。てか、好きになるよね。

374

「暗記したらいいことあるよ」

04

コンサルタントとして、というか、コンサル思考が合格点を超えた、というか、「閾値」を超えたと言える指標の1つがこれ。「MECE、構造化、フレームワーク、因数分解」との付き合い方を理解し体現できているか？でございます。

だからそれぞれについて、もう皆さんも「世の中のポンコツ」とは一線を画しているはず。
ということで、さぁ皆さん。
それぞれについて語ってください！

● MECE

思考放棄の権化。「MECEじゃないじゃん」発言とか、もう何も付加価値を出していないインプット第1位だよね。ルフィーが「ワンピースを見つけた！」と叫んでいても、「MECE＝漏れなくダブりなく探したのか？」なんて誰もつっこまない。でも、見つかってなければ「全部探したのかよ」とつっこむ。つまり、MECEじゃない＝「宝」が見つかってないと言っているだけ。

一方で、「MECEに見えないよ。だからフレームワーク、構造化をうまくして、MECEに見えるようにしてね」と言われたら、その人についていきましょう。

その人は間違いなく賢い。

● 構造化

構造化は何もインプットが、something newが増えてないことにいい加減気付きましょう。構造化とか基本的に価値ゼロ。しかし、「どの構造化にしたら相手が理解しやすいか」の意味での構造化には価値があります。

つまり「この構造化なのかな？」は神インプット。

- フレームワーク

  このお言葉を覚えていますよね。

  「フレームワークで考えよう」は間違い。「フレームワーク
は説明責任」ですからね。本当に気を付てほしい、フレーム
ワークとの付き合いには。

- 因数分解

  「因数分解」は、「MECE」「構造化」「フレームワーク」を
使う意味を同時に満たしてくれる便利ツール。故に、すべて
同じことが言えます。

  因数分解はただの分解なので、価値はありません。けど、そ
のことで「議論しやすくなる」「MECEっぽく見えて安心でき
る」という価値ならある。これを理解しておきましょう。

　うんうん、この辺について理解できていれば、思考を楽しめるよ
うになっているはずでございます！

「暗記したらいいことあるよ」
05

僕は美容院「NORA」のオーナー広江さんといつも話しています。
「狂気が色気を生み、色気がお金を生む」と。

何かを動かし生み出すときは決まって、「狂気」がとても大事。それはコンサルであろうがなかろうが同じ。ビジネスの場でも同じでございます。

そのためのヒントについて、僕は緑ボンでもこのオレンジボンでも散々話してきました。

さぁ、ピンッときますか？

もちろん、この話ですよね。

- 調べるときはGooooooooogleまで見切る

グーグル検索の際は、パッと1ページ目で終わらすのではなく、関係ないものが出てくるまで調べるのが当たり前。しかしこれ、「狂気」をはらんでいないとできない所業です。

- 議事メモの「24時間ルール」

次の論点である「TASK設計」の為の、最も大事なインプットである議事メモは鮮度が命。故に、上司やクライアントが次の思考に進む前に連携する。1日／10本のインタビューであろうとも、徹夜になろうとも「24時間以内」に連携する。

ここにも「狂気」があるよね

- 単なるto do設計で終わらず、
「HOWのインサイト」に拘る

例えば「競合」について知りたいとき、グーグル検索で終わらせてしまっていたらアウト。そこから競合のヘビーユーザーをTwitter（X）で探して、インタビューさせてもらうなど朝飯前です。更に「競合のお店の近くで待機し、出てきた

お客さんを捕まえて、謝礼とともにインタビューをさせてもらう」まで行くのだ。

　業界を知りたければ、友だちの友だちでも何でもいいので何とかして時間を作ってもらう。その為なら、ランチや夜ご飯を奢るなんて安いものです。その思考が大事であり、これも「狂気」だと言えるよね。

いやぁほんと、狂気の見せ所って至る所にある。

皆さんも「狂気」を見せていこうぜ！

これも今なら「狂気」やね

「暗記したらいいことあるよ」

06

　チームメンバーとしての「暗記、振り返り」ができてきたところ
で、今度はもちろん本書のテーマ「マネージャー」としての話に入っ
ていきましょう。

　チームメンバーとしての「コンサル」と、マネージャーとしての
「コンサル」の違いについて、オレンジボンをここまで読んだ皆さん
はどう捉えているのでしょうか？

　「優しさ」のリーダーシップではなく、「インテレクチャルリーダー
シップ」の領域で語ってみてください。

もちろん、思い出して欲しい場所は第1章＝『マネージャー1年目＝「インテレクチャルリーダーシップを磨く」』ですよ。

第1章でのVS、対比、二項対立は基本、「マネージャー視点　VS　リードコンサル視点」となっておりました。ちなみに、リードコンサルとは「チームメンバーの中で一番の古株≒できるコンサル」を意味しています。

そして、リードコンサルができるようになると誰もが一度は勘違いをする。

「俺ってもう、私ってもう、マネージャーできるんじゃね？」などと勘違いをする。

その部分が色濃く出るように、VSを書いておりました。

HOWのインサイト　VS　to do／TASK

そんな簡単に解けるような問題なんてない。故に、皆が思いつくようなTASKでは到底、解にたどりつけません。

「生産性を上げるために」＝「早く終わらせるために！」に頭を使うのではなく、「どうやったらこれって解けるんだ？」に真っ向勝負する。それがマネージャーの心持ちです。

「仕事、早く終わらないかな」は、メンバーマインドの証拠なのだ。

ケース設計　VS　TASK設計

　一つ一つの論点に対して「どんなTASKをすればいい？」などと考えているのであれば、それはメンバー視点。そうではなく、プロジェクト丸ごと＝ケースをどう見立てて進めていくのかを考えてこそ、マネージャーなのだ！

　「ケース」の意味には、「今後のケースにどうつなげるのか？」も入るし、それ以上に、ケースを健やかに進めるためにも「キーマンである対面の方と、いかにして信頼関係を作るか？」というのもある。

　皆さんは気づいていることだろう。「健やかに仕事ができる」環境を作ることが最も難しく、それこそが「マネージャー／トップの仕事」だということに。

モジュール設計　VS　役割分担

　うんうん、もうこの「モジュール設計」という、ビジネスというよりは精密機械で出てきそうなお言葉。そのモジュール設計を一般化させていきましょう。

　「役割分担」という、ただただ「誰が何をやる」という平面的な話から、「モジュール設計」という、簡単に言えば「考えるべきこと、論点が多い」役割分担。まさに立体的。メンバーの強み・弱みはもちろんのこと、メンバーがやってみたい経

験、そして何より「やっているチームメンバーが楽しいか？」
をとことん考える。

　それが、マネージャーの役割分担なのだ！

7手詰め　VS　1手詰め、3手詰め

　「戦略思考」の領域ですが、もちろんチームメンバーとマ
ネージャーでは視座が違います。目の前を見ているのではな
く、その先の先。相手が動くことを前提に思考を深めていく。
これぞ、マネージャーのインパクト！

　逆に言うと、チームメンバーごときでも見えている景色で
はなく、視座が高いからこそ見える景色で思考し語るからこ
そ「チームメンバーが辻褄思考を使わなければいけない」と
なるのだ。だから、「あの人の言っていることってわかりやす
いよね」は視座が同じです。

　ということで、「伝え方がわかりづらい」という意味ではな
く、視座が高いせいで「一見わからない」と思われているく
らいが良い。それも1つの「自分のマネージャー力」として
確かめてみましょう。

　「辻褄思考をさせてないなら、チームメンバーと同じ視座や
ん」を合言葉にするのが吉！

キラースライド VS 単なるスライド

　単なるスライドを量産すればよかった時代が懐かしい。そう思えていてほしい。

　マネージャーが作るスライドは「キラースライド」しかないのだ。なにせマネージャーが自らスライドを作るということは、そのスライドの価値はチャージベースで言えば「1スライド30万」はしてしまう。

　だからこそ、「自分が書くってことはキラースライドだよ！」という精神を育んでほしいのです。

　以上、「マネージャー」はチームメンバーとは1桁違う、立派にならないといけないのだ。だから、皆で頑張って腕を磨いていこうぜ。僕も「考えるエンジン講座」や執筆活動を通して、その「腕磨き」に貢献していく所存です！

「暗記したらいいことあるよ」

07

　僕がどうしてもこのオレンジボンで伝えたかったことの1つが、「インテレクチャルリーダーシップ」です。もう少し違う角度で言うと「どこで頭を使うのか？」、もう少し言うと「マネージャーとして、どこで戦うのかい？」である。

　さぁ、このオレンジボンを通して、皆さんは「マネージャーとしての振る舞い」についてどんな決意をしましたか？

いきなり結論を言っちゃいますが、「決意」も暗記してしまえばいいのです！

---

①「論点ワード」は月曜日の朝7時には書き終わり、今週のチームメンバーの動きは「論点ワード」で指示／コントロールする。TASKでコントロールとかないから。
- 論点ワードを「メンバー」がやってくれたとしても、それをたたき台とはせずに自分でやる。

---

②メンバーの「立ち上がり」に応じて臨機応変にマネージ。一辺倒のマネージからは卒業する。ここで「立ち上がり度合別」に決意しておく。
- 最上級＝論点だけを渡して、「論点ワード」「ワークプラン」からすべて任せる。
- 上級＝「論点ワード」でコミュニケーションをして、「ワークプラン」の叩き台は書いてもらう。

（ここまでは「立ち上がっている」と認識）
- 中級＝「ワークプラン」までは作り、それ以降の「具体的な作業設計」や「時間配分」はやってもらう。
- 初級＝「具体的な作業についての指示出し（例、○○を調べて）」までをこちらでやり、それをやってもらう。

暗記する。そしてとことん健やかに進化する。

③「優しさ」のリーダーシップに甘えず、「インテレクチュアルリーダーシップ」で勝負。だから会議で必ず「付加価値」を出す。「報告、連絡」で終わるとかない。つまりは「会議」に勝敗を付ける！

- ホワイトボードが論点で埋め尽くされていたら勝利。というか、もうその日はサウナに行ってきてOK。
- 「この情報、どう集めます？」的なTASKが見えない中、「こうやってみたらどう？」とHOWのインサイト＝TASKアイデアを出せたら勝ち。銭湯に行ってきてよし。
- （対メンバー）「PPTの見せ方、注釈、誤字脱字」などは得点にならない。だからそこを笑顔で「大したことない話だけど、趣味の範囲かもしれないけど」とピースフルにできていたら勝ち。
- （対MD）パワーポイント越しで議論していないか？ それはマネージャーの仕事。「インサイトでのホームランの打ち方」「最終SCの論点、ストーリー」「次のプロジェクトの論点」などのテーマで議論できてたら勝ち。大勝利！
- （対クライアント）プロジェクトの論点／悩みを相談しているようでは負け。そのプロジェクトのキーマンの、プロジェクト以外の個人的な論点／悩みを議論できてたら勝ち。これも大勝利！

以上、こんな感じで自分らしい「決意」を作ってくださいませ。

「暗記したらいいことあるよ」
08

緑ボン『コンサルが「最初の３年間」で学ぶコト』から始まり、続く本書オレンジボン『コンサルが「マネージャー時代」に学ぶコト』のラストまで来て、そしてここからの数百文字でいよいよ終わりでございます。

ということで締めはやっぱり「人生を健やかにする技術」ですよね。さぁ行きましょう。

最後の暗記だ！

いやぁ、あらためて思いますが、整理すると本当に気持ちが健やかになりますね

仕事がつまらないのは、仕事が下手なだけ。

だから、仕事がうまくなればいいだけ。
原因は仕事自体にはない。
簡単な話で、考える力／動き方を磨けばいい。
学べばいいのさ。

ビジネスは人生の下位互換。

人生が揺らぎビジネスのパフォーマンスも揺れるのはOK。
だけど逆はない。
ビジネスで何があろうとも、人生に影響してはならない。

山を降りる。そして丁寧に生きる。

だから、「勝っているとき、勝ち切ったとき」は天狗にならず謙虚に、「違う領域でゼロから戦い直す」という気持ちを忘れない。
「負けているとき、負け切ったとき」はいじけず、あせらず「ただただ丁寧にする」という気持ちだけを大切にする。

暗記する。そしてとことん健やかに進化する。

ということで、本書の締めである『「暗記したらいいことあるよ」01～08』では、8つの角度から整えさせていただきました。
　是非とも、次に活かす形で暗記してくださいませ！

　いやぁ、最高の2冊を書き切れて本当によかったです。

あとがき

　緑ボンよりも厚く、濃い「オレンジボン」を読み終えた皆さんに思いを馳せながら、浮かんできたことを箇条書きで3つほど書いて、本書の締めとさせてください。

1. ［暗記する］×［ピンッとこさせる］
　凡人が天才に勝つには「暗記」しかありませんし、暗記したら、ピンッとくる＝既に皆さんの頭にある経験、知識と紐づかせてください。「あ〜、あの時、こうやっておけば、よかったのか！」とね。そうそう、本書のNo.72のお話です。

2. 　YouTube「考えるエンジンちゃんねる」で学びを連鎖させる
　「考えるエンジンちゃんねる」を開き、［動画］ボタンを押し、古い順に見る。そうすると、タカマツボンの学びが繋がってきます。「あ、この話、オレンジボンで読んだ」とある意味、ピンッとくる活動を加速化させます。

3. 　タカマツボンそして、ボクが「ウイングさん」なので、職場で「ビスケ」を見つける
　コンサル思考、働き方、矜持の「型」を本や「考えるエンジン講座」で学び、その「型」を実践で使い、職場に"必ずいる"できる人、念使いを見つけて、弟子入りしましょう。「念使いが念使いを見分けられる」ように、コンサル思考の使い手を今の皆さんなら発見できます。

　この先も「考えるエンジン講座」で教えつづけ、本も執筆するしYouTubeもアップし続けますので、皆さんも「学び」続けてくださいませ。

　ということで、本当にありがとうございました。
　実際にお顔を見て、距離感を測りながら教えるのではなく、「紙、活字、お顔が見えない」中で学んでいただく「書籍」という形式が故、「言葉遣い、表現」を大げさに、強めにわざと書かせていただいておりますことをお許しくださいませ。

　最後に、ソシムの編集長＝志水さんとタッグを組んで、もう4冊目。
　ほんと、志水さんは「編集者」としては勿論ですが、「商売人」としても最強。感謝しております。そして、僕の「執筆家」としての師、ビスケは志水さんですからね。
　引き続き、宜しくお願いします。

● 著者紹介

高松 智史（たかまつ さとし）

「考えるエンジン」と聞いて、“あ”と思った方、ありがとうございます。

『コンサルが「最初の3年間」で学ぶコト』『フェルミ推定の技術』『フェルミ推定から始まる 問題解決の技術』『答えのないゲームを楽しむ 思考技術』『「暗記する」戦略思考』『変える技術、考える技術』と聞いて、“お”と思った方、本当にありがとうございます。

最近では『考えるエンジンちゃんねる』を聞いて、“わ”と思った方、大好きです。

今回の「オレンジボン」、大きなメッセージはこの2つ！
○コンサル思考は「武器」になる。マネージャー思考は「お金」を生む。
○叱咤激励／モチベのマネジメントではなく、インテレクチャルでリードする。

違う言い方をすれば、こうなります。
○『コンサルが「最初の3年間」で学ぶコト』＝3年間の延長線上として進化させ、
○その上で、マネージャーとして新しいチャレンジに打ち勝つ技術を磨く本

ですので、是非とも折に触れ読み直していただき、「こういう理解であっているのかな？」と思う時があれば、下記まで質問ください。
takamatsusatoshi@win-kanata.com

もしくは、メールっていう時代もでもないので、こちらに連絡くださいませ。
Twitter（というかX）：@TAKAMATSUSATOS1

そして、これまで（そしてこれからも）の「タカマツボン」には載せていない、『論点思考』（論点をサブ論点、サブサブ論点の分解の仕方や、それこそ論点スライドの書き方など）を僕から直接学び、同期・仲間よりも群を抜きたい方はぜひ、「考えるエンジン講座」を調べて無料相談に来てください。1対1でいろいろお話しましょう。

そして、「考えるエンジンマフィア」の一員になりにきてください。

まさに、「幻影旅団」。団長はボク。団員は皆さん。

話がそれましたが、個人だけでなく法人研修もやってますし、最近では“偉そうにも”講演の依頼もちらほら。

連絡お待ちしております。

そして、最後にひとこと。

僕を見かけたら、ぜひお声がけください。

僕も、タカマツボンを持っている方を見かけたら、声をかけます。

カバーデザイン：坂本真一郎（クオルデザイン）

本文デザイン・DTP：有限会社 中央制作社

■注意

(1) 本書は著者が独自に調査した結果を出版したものです。

(2) 本書の一部または全部について、個人で使用する他は、著作権上、著者およびソシム株式会社の承諾を得ずに無断で複写／複製することは禁じられております。

(3) 本書の内容の運用によって、いかなる障害が生じても、ソシム株式会社、著者のいずれも責任を負いかねますのであらかじめご了承ください。

(4) 本書に掲載されている画面イメージ等は、特定の設定に基づいた環境にて再現される一例です。また、サービスのリニューアル等により、操作方法や画面が記載内容と異なる場合があります。

(5) 商標
本書に記載されている会社名、商品名などは一般に各社の商標または登録商標です。

コンサルが「マネージャー時代」に学ぶコト
知るだけでビジネスモンスターになれる 79 のスキル / 思考と矜持

2023年11月22日　初版第1刷発行

著者　　高松 智史
発行人　片柳 秀夫
編集人　志水 宣晴
発行　　ソシム株式会社
　　　　https://www.socym.co.jp/
　　　　〒 101-0064　東京都千代田区神田猿楽町 1-5-15 猿楽町 SS ビル
　　　　TEL：(03)5217-2400（代表）
　　　　FAX：(03)5217-2420

印刷・製本　　中央精版印刷株式会社

定価はカバーに表示してあります。
落丁・乱丁本は弊社編集部までお送りください。送料弊社負担にてお取替えいたします。
ISBN 978-4-8026-1439-9　　©2023 Satoshi Takamatsu　Printed in Japan